Christiane Schwarze

Und zum ersten Mal liebte sie sich selbst

Mauer Verlag
Wilfried Kriese
72108 Rottenburg a/N
Buchgestaltung: Wilfried Kriese
Titelbild: © Christiane Schwarze
2013
ISBN 978-3-86812-315-9

Erstveröffentlichung
Im Mauer Verlag 1997

www.mauerverlag.de

MIX
Papier aus verantwortungsvollen Quellen
Paper from responsible sources
FSC® C105338
FSC
www.fsc.org

Inhalt

Aus meinem Innen

wild
platzt
die Kraft
der letzten Jahre.

Unbeobachtet
wächst die Wut,
an den
schwarzen Grenzlinien
wächst
beharrliche
Durchsetzung.

Ohne Zeugen
zerschlage ich
die schwarzen Grenzen
von innen,
bis sie zersiebt
machtlos werden.

Aus meinem Innen
wild
platzt
die Kraft.

Obstschale

Eine Obstschale –
darin liegen
zwei große Orangen,
ein roter Apfel,
drei braungesprenkelte Bananen,
eine Birne.
Die Schale steht
auf einem
blau-weiß karierten Tischtuch,
der Tisch ist nicht
zu sehen.

Um mich herum
eine nicht endende Weite
oder Enge
von
Gelb,
Weiß,
Hellgrau.

Ich betrachte
Bananen,
Apfel,
Birne,
Orangen,
die gelbe Rauhfasertapete,
die weiße Zimmerdecke,
den hellgrauen Linoleumboden.

Dann
Augenausflüge –
links
zu den hohen weißen Schränken,
rechts
zu den zwei Betten,
in denen jeweils
eine Frau liegt.

Drei Frauen
in gelb-weiß-grauer
Unfreiwilligkeit.
Uns verbindet nichts
als unsere horizontale Lage.

Die Frau in der Mitte
kann Bücher
mit den Händen heben
und sie halten,
so lange,
bis eine Schwester sie stört,
oder
bis sie von selber müde wird.

Die Frau im rechten Bett
schaut aus dem Fenster,
berichtet,
sie könne die Dächer
der Stadt überblicken.

Ich gebe nicht zu,
wie sehr ich die beiden beneide,
wenn sie sich
im Bett aufrecht setzen,
zehn Minuten
oder gar
eine viertel Stunde.
Den heimlichen Konkurrenzkampf
in Zimmer 36
auf Station 4b
wird die Frau in der Mitte gewinnen.

Sie kann nicht nur lesen,
sondern steckt schon Plätzchen
und mitgebrachte Weintrauben
in den Mund.

Ich schaue auf das Obstschalenbild
an der gegenüberliegenden Wand,
werde nach vorgegebenen Uhrzeiten gefüttert.

Die Krankenschwestern glauben,
ich würde den größten Teil
des Tages verschlafen.
Aber auch, wenn ich tagaus, tagein
nichts anderes tue,
als auf dem Rücken zu liegen,
ist in meinem Kopf
doch ständig Bewegung.

Von den abgebildeten Bananen
träume ich mich weg,
zum Bananenmix in der Eisdiele,
zum Cappuccino,
stelle mir vor,
eine Zeitung zu lesen.

Die Schwestern loben mich,
weil ich scheinbar so schön schlafe
und nicht dauernd nach ihnen klingle.
Bevor ich nicht
um jeden Handgriff bitten musste,
wusste ich nicht,
wie viele davon
sich an einem Tag ansammeln.
So oft ich kann,
träume ich mich weg,
damit ich ihre Zeit
nicht unnötig verschwende.

Gelb,
Weiß,
Grau
umschließen mich,
wie das starre Außenskelett
eines Insekts.

Gelb,
immer wieder
verlieren sich meine Träume
im Gelb.
Es erscheint mir
wie eine verblichene Kopie
von Sonnenschein.
Das hat etwas Tröstliches,
ein Hinweis auf die Existenz
des Originals.

Haut

- angenehm weich,
Streichelhaut
um mich herum.

Haut,
du schütztest mich,
mein Innen
war behütet von dir.

Haut, Eigenhaut,
zerrissen, zerstückelt, weggefetzt.
Zur Heilung
verfremdet,
in mich eingepflanzt.

Ich schaue dich an,
du Unbekannte.
Wir müssen uns wohl
aneinander gewöhnen lernen.
Immerhin strich ich
behutsam über dich
und nahm dir nicht übel,
dass du meine Hand
nicht fühlen konntest,
wie ich es gewohnt war.

Wie wirst du mich sehen

Ich frage mich,
wie du mich sehen wirst,
da, wo der Schutz
der Worte endet.

Ich frage mich,
wie du mich berühren wirst,
da, wo meine Erinnerung
die vielen Hände spürt,
die monatelang
meinen Körper Stück für Stück
in diese Welt zurückholten,
meinen Leib öffneten und verschlossen,
Metall hinein- und herausschraubten,
zerbrochene Knochen und Gelenke
zusammenfügten,
aus dem zerrissenen Fleisch
immer tiefere Stücke schnitten,
damit ich nicht von meinem
eigenen Blut vergiftet würde.
Hände, die mich in Verbände
und Schienen kreuzigten,
so, dass die Drehung des Kopfes
meine einzige Freiheit war.

Monate haben viele Tage
und jeder davon vierundzwanzig Stunden.

Heute noch träume ich nachts
diesen einen Wunsch,
ich könnte mich zum Schlafen
auf die Seite drehen.
Die helfenden Hände wussten,
dass jede kleine Berührung
Schmerz hieß,
und ich lernte,
sie zu fürchten.

Der Trost jeder dieser Tage war,
dass ich ihn überhaupt erlebte.

Da sie meine Reststücke
wieder ineinanderfügten,
brauchte ich die Hände
der Schmerzenshelfer.

Wie aber konnte ich Hände
noch unvoreingenommen
einladen, mir nah zu sein?

Wortlos öffnest du dein Hemd,
Knopf für Knopf.
Beim Anblick deiner entblößten Schutzlosigkeit
begreife ich,
dass deine Hände Zeit haben werden.

Dein Blick
umfließt mich,
behutsam enthüllst du
meine Angst,
hältst sie umfangen,
kitzelst sie sacht mit dem kleinen Finger,
so dass sich die große Furcht
ein wenig kleiner lächelt.

Wie die Insel Helgoland entstand

Vor vielen tausend Jahren lebte eine Frau an der Küste der Nordsee. Sie wohnte allein in einer Hütte, weit und breit nur umgeben vom gelben Sand des Strandes.
Als Nahrung diente ihr die Meeresluft, und sie vergnügte sich mit gemusterten Steinen und Schneckenschalen, die durch die Gezeiten an das Ufer gespült wurden. Ihr Schatz aber war eine Perle, die sie im Inneren einer Muschel gefunden hatte.
Seevögel stießen in das Wasser hinab und trugen silbrig glänzende Beute hinauf in ihre Luftpaläste.
Die Frau betrachtete lächelnd das eifrige Treiben; die Vögel störten sich nicht an ihr.
Im Sommer setzte sie sich an den Meeressaum, spielte mit den Füßen im feinkörnigen Sand und nahm in vollen Zügen die Hitze in sich auf.
In der kalten Jahreszeit betrachtete sie die verschneite Küste, malte mit ihren Fingern Vogelfiguren in den Schnee.

Eines Winters geschah es, dass ein Eiskristall in ihr Herz drang. Er stach sie von innen, und sie wusste nicht, wie sie sich dieses Schmerzes entledigen sollte.
„Gewiss wird die Wärme des Frühlings ihn schmelzen", tröstete sie sich.
Als jedoch der März den Schnee geschmolzen hatte, stach der Eindringling noch genauso heftig in ihrer Brust.
„Die Julisonne wird mein Herz heilen", tröstete sie sich.
Doch die Sonnenglut brannte den Stachel nur noch tiefer in sie ein.

Der Schmerz ließ sie die Sommersonne hassen. Den Winter jedoch lernte sie zu fürchten, denn in den Eismonaten wuchs der Kristall weiter.

Sie spürte, wie er wucherte, sich ausbreitete; bald würde er ihre Haut bersten lassen. Verzweifelt lief sie am Strand entlang, sah die gleichmütig herankommenden Wellen.
Da ertrug sie die Schmerzen nicht länger und stürzte sich weinend in die Flut.
Die Tränen waren so heiß, dass die Königin des Meeres sie am Grunde der See auf ihrer Haut brennen fühlte. Sie begab sich hinauf zur Weltenscheide, wo das Wasser endet und die Luft beginnt. Dort erblickte sie die Frau, die in ihr Reich kommen wollte.
Sacht nahm sie die Menschengestalt in ihre Wellenarme und wiegte sie tröstlich, bis der Strom der Tränen endlich versiegte.

Als die Frau die Augen öffnete, blickte sie in das Antlitz der Königin. Die Meeraugen ließen ihr Herz lächeln. Wild bäumte sich die See.
Der Schmerzkristall löste sich auf gleich den weißen Schaumkronen.
Nie mehr wollten sie voneinander lassen, einander halten, solange es die Unendlichkeit des Meeres gab.

Wie aber sollte die Frau mit hinab in das blau-grüne Reich ziehen, da sie Luft zum Leben brauchte?
Wie sollte die Königin der Frau auf das Land folgen, da sie nur im Wasser leben konnte?
Da verwandelten sich beide in Steine, die in der Tiefe des Meeres gründeten und hoch darüber hinaus gen Himmel ragten.

So entstand an der Küste der Nordsee die rotfarbene Felseninsel Helgoland.

Das Haus

König Rudolph der Zweite ernannte mich zum Offizier. Meine Aufgabe ist es, die königlichen Schätze zu bewachen.
Meine untergebenen Soldaten stehen in Dreierreihen vor den Schatzgewölben.
Täglich verlasse ich den Palast, um zu einer verborgenen Waldhütte zu reiten. Dort tausche ich die blaue Uniform und den roten Offiziersmantel gegen Bauernkleidung. Unerkannt prüfe ich, ob sich Räuber in der Gegend herumtreiben.
Gegen Abend kehre ich zu der Hütte zurück und tausche die Bauernkleidung wieder gegen meine Uniform.
Als ich gestern wie gewohnt zum Palast zurückkehrte, hörte ich Geschrei und aufeinanderprallende Schwerter. Ehe ich mich besinnen konnte, stand der Räuberhauptmann mit höhnischem Grinsen vor mir und forderte mich zum Zweikampf. Er wusste, dass ich als Offizier nicht ablehnen konnte – und ich wusste, dass er als unbesiegbar galt.

Ich bin König Rudolph der Zweite. Heute geruhe ich Fasan im Speckmantel zu speisen. Den dazu passenden Weißwein beziehe ich aus den Weingärten meines fränkischen Cousins.

Ich, Innozenz, bin der Bischof. In einer Stunde kommt der gesamte Hof zur heiligen Messe. Dann werde ich dem goldenen Tabernakel das Brot des Herrn, den heiligen Leib Jesu Christi, entnehmen.
Um die Menschen von den Lastern der Sünde zu läutern, muss ich von den Qualen der Hölle predigen.

Ich bin der Oberhofknecht. Welche Freude ist es mir, des Hofstaates güldene Pokale zu polieren. Den Marmorfußboden lasse ich die Mägde mit samtenen Tüchern glänzend reiben.

18.30 Uhr Kartoffeln aufstellen, Salz nicht vergessen. Noch mal Küche überprüfen – alles gespült, Gläser poliert, Linoleum gewischt.
Backoblaten in den Küchenschrank zurückstellen; das Glas mit Pfefferminztee – mein fränkischer Wein – kann stehenbleiben, denn Mutter findet, er sei gesund.
Die Nutellabrotstreifen stopfe ich noch schnell in den Mund – Mutter fragt sonst, warum ich nicht ordentlich abbeiße. Aber es ist doch klar, dass ich nicht in den ganzen Fasan beißen kann.
Dieser verflixte rote Vorhang lässt sich immer so schwer wieder an der Gardinenleiste anbringen. Vorige Woche habe ich mit Rainer einen Film gesehen. Da hatte der Hauptmann aber genauso einen Mantel. Na ja, so ähnlich zumindest.

Letzte Patrouille durch das leere Haus.
Das Schatzgewölbe wirkt wie eine Wohnzimmer-Schrankwand aus Eiche.
Lautlos schiebt die Uhr ihre batteriebetriebenen Zeiger vorwärts.
Die menschenverlassenen Räume sind so groß, und mit der fortschreitenden Zeit dehnt sich ihre Weite.

Mein blaues Kleid hat zum Glück nicht den kleinsten Fleck. In der Schule lachen die Mädchen, weil das Kleid zu kurz ist für mich. Sie haben gleich gemerkt, dass ich es von meinen beiden Schwestern auftrage. Sie lachen mir ins Gesicht. Dafür kriegen sie eine geboxt; ganz fest.
Wegen meines schlechten Benehmens kann mich meine Klassenlehrerin nicht leiden. Sie sagt, ich schaffe höchstens die Hauptschule. An die höhere Schule bräuchte ich gar nicht zu denken.
Jeden Abend bete ich zum lieben Gott, dass jemand im Haus ist, wenn ich heimkomme.
Denn wenn ich im oberen Stockwerk bin, denke ich, unten könnte sich ein Mörder eingeschlichen haben.

Bin ich unten, befürchte ich, er lauert möglicherweise oben.
Vielleicht ist das alles ja eine Strafe von Gott, weil ich immer als Bischof Innozenz die heilige Messe gefeiert habe. Ob das eine Sünde war?
Ich könnte dem lieben Gott versprechen, dass ich nie mehr Backoblaten aus dem Schrank hole. Gott sendet mir dann vielleicht ein Meerschweinchen. Hätte ich eines, wäre ich nicht mehr allein.
Es ist schon düster im Haus. Aber ich soll doch keinen Strom verschwenden.

Gut, dass ich meinen Degen habe.
„Herr Offizier, nehmen Sie das Duell mit dem Räuberhauptmann an?"
„Selbstverständlich. Morgen Nachmittag vor den Schatzgewölben stehe ich Ihnen mit zwei Sekundanten zur Verfügung."

Reinhard

Die Mutter von Reinhard dankte mir. Als sie meine Praxis verließ, wurde es still.
Ich wollte noch schnell die Abrechnung für die Krankenkasse schreiben, heimfahren und dann einen gemütlichen Feierabend genießen. Ob ich mir eine Kleinigkeit kochen sollte?
Es war ein Arbeitstag wie viele gewesen. Dennoch hielt ich inne, als ich die Behandlungsdaten auf die Abrechnung schrieb.

Im Aufnahmegespräch erzählte mir Frau Richter die Geschichte ihres Kindes. Es war gesund geboren worden. An einem Dienstag im Mai lief es zum Dorfbach, dort fanden es später Nachbarn im Wasser. Der herbeigerufene Notarzt führte eine Wiederbelebung durch.

Der Junge hatte eine schwere Hirnschädigung erlitten. Es war ihm seitdem nicht mehr möglich, Spielzeug in die Hand zu nehmen, zu sprechen, zu essen oder zu trinken.
Die Mutter berichtete von Bekannten, die flüsterten, dass er doch wohl besser gestorben wäre.
Ich blickte ihr direkt in die Augen. Ihre Stimme klang sachlich, fast unbeteiligt.
Wo waren die Tränen der zerbrochenen Zukunftshoffnungen?
Ich begriff, dass sie sich um Fassung bemühte, weil sie sich durch täglich formulierte Verzweiflung nur noch mehr in die Einsamkeit manövriert hätte.

Es ist mein Beruf, solche Kinder zu behandeln.
Seit der Wiederbelebung wurde Reinhard mit einer Nasensonde ernährt, und ich sollte ihm helfen, wieder essen und trinken zu lernen.
Seitdem sind viele Monate vergangen. Die Eltern sind mit mei-

ner Arbeit zufrieden. Das Kind reagiert nun auf Berührungen und Geräusche.
Gibt ihm die Mutter kleingeschnittenes Essen und schluckweise Getränke in den Mund, nimmt er sie zu sich. Er braucht keine Sonde mehr.

Die Eltern sind froh, das lebendig leblose Kind reagiert auf sie, wenn auch die Reaktionen anderen nur wie ein Hauch erscheinen mögen. Es ist schwer, zu lieben, ohne die Antwort einer einzigen Regung.

Ich sollte also auch zufrieden sein und habe einen gemütlichen Feierabend verdient.
Es war ein Arbeitstag wie viele andere. Der Fall Reinhard Richter ist abgeschlossen.
Und dennoch, da bleibt ein dumpfer Schmerz, den ich nicht zusammen mit der grünen Akte in den Schrank sperren konnte.
Ein Schmerz, der einfach mit in mein Auto stieg, sich in meinem Wohnzimmer herumtreibt, und als ich ihn zur Tür hinauswerfen will, in mein Bett springt, auf meine Träume lauernd.

Ja, Vater

Die Tochter sitzt am Fenster, starrt auf die Straße und denkt nach.

Ja sicher, meine Eltern hatten schon recht. Die Sache war von vorn bis hinten erlogen. Es war eine Lüge, als ich erzählte, ich wäre im Wald spazieren gewesen, sei dann in den Jugendtreff gegangen, hätte ein bisschen getanzt und schließlich mit Gerd gesprochen. Darüber hätte ich die Zeit vergessen und wäre deshalb erst so spät nach Hause gekommen.

So war es natürlich nicht gewesen. In Wirklichkeit hatte alles im Jugendtreff begonnen. Ich tanzte und trank Cola.
Dann war ich mit Gerd ins Gespräch gekommen. Wir sprachen über Leute, die Naturgötter anbeten, Sonne, Mond und so.
Gerd behauptete, es wäre gerade kurz vor Vollmond. Ich hielt dagegen, es sei Halbmond. Wir wetteten um ein Altbier. Als wir vor den Jugendtreff traten, sahen wir erst einmal nur einen Himmel voller Wolken.
Wir kamen auf die Idee, ein Stück spazieren zu gehen.
Es war Juli, und die warme Luft streichelte unsere Gesichter. Der Park, durch den wir liefen, war dunkel, und unsere Hände fanden von allein zueinander.
Ich wusste, dass es mir viel Ärger ersparen würde, wenn ich umkehrte und heimginge. Um elf Uhr sollte ich eigentlich Zuhause sein. Es war schon mindestens halb zwölf. Außerdem musste ich den Rückweg einrechnen. Obwohl ich also wusste, dass sich meine Eltern furchtbar aufregen würden, konnte ich doch nicht anders. – Wir liefen weiter.
Plötzlich musste ich lachen. Ganz von innen heraus, wie es sonst gar nicht meine Art ist. Ich musste es tun, weil ich sonst vor Glück zersprungen wäre.

Es kam, wie es in einer solchen Nacht im Juli kommen musste. Ich sehe vor meinem geistigen Auge die missbilligenden Blicke meiner Eltern, wenn ich dies sage. Dennoch ist es die Wahrheit: Es kam, wie es kommen musste.

Jetzt bin ich im zweiten Monat schwanger. Meine Eltern wissen nichts davon, sie sagen immer, mit sechzehn wäre ich noch zu jung, um an solche Sachen zu denken. Bei anderen mag das stimmen, aber bei uns ist es etwas anderes. Wir lieben uns wirklich.

Wir werden heiraten und eine Familie haben. Die Hausarbeit wollen wir uns teilen. Wir wollen auch mal zusammen wegfahren. Nicht teuer. Aber irgendwohin, wo wir schwimmen können. Ich werde mit ihm die Wälder durchstreifen, auf Berge klettern, die Hänge hinablaufen, und er fängt mich dann auf.

Gerd sagt, dass er mich schön findet. Wenn ich in den Spiegel blicke, weiß ich nicht, was er damit meint. Eigentlich sehe ich aus wie alle anderen Mädchen. Gerd lächelt, wenn ich das sage. Er meint, er wisse es besser.

Als Weihnachtsgeschenk will ich ihm einen Pullover stricken. Als ich ihn nach seinem Wunsch fragte, bat er mich, nicht mehr zu trampen, er hätte Angst um mich. Dabei tue ich es so gern. Von einer Stadt zur nächsten! Aber ihm zuliebe werde ich vernünftig werden. Er soll sich keine Sorgen machen.

Der Vater tritt in das Zimmer der Tochter.
Sie schreckt aus ihren Gedanken hoch.

„Na, wie fühlst du dich?"
„Gut, Vater."
„Was hast du denn den ganzen Morgen gemacht?"
„Ach, aus dem Fenster geschaut und ein bisschen nachgedacht."
„Was du dir noch zusammendenkst. Hast du trainiert?"
Die Tochter zögert.

„Den ganzen Morgen hast du also nur rumgesessen und dich selbst bemitleidet. Reiß dich doch mal zusammen."
„Ja, Vater."
Der Vater verlässt das Zimmer.
Die Tochter erledigt ihre Trainingsaufgaben.
Sie versucht, in dem Training einen Sinn zu sehen.
Er besteht darin, dass sie die geringe Körperbeweglichkeit, die sie hat, erhalten soll.
Sie kann nicht laufen, wird es nie können. Der linke Arm ist gelähmt, lediglich ungeschickte Bewegungen mit dem rechten Arm sind möglich, außerdem noch Kopfbewegungen.

Sie möchte da weiterträumen, wo sie aufgehört hat.
Wo war sie noch stehengeblieben? Ach ja, zu Weihnachten wollte sie Gerd einen Pullover stricken.
Sie bemüht sich, den Traum wiederzufinden; das Gesicht von Gerd zu sehen, seine Hand zu spüren.
Aber je stärker sie es versucht, desto weniger gelingt es ihr.

Den Eltern hatte sie natürlich gar nichts verheimlicht. Es gab keine Geheimnisse.
Ihre Eltern wussten, welche Bücher sie las, wann sie aufs Klo musste, welche Leute zu Besuch kamen.
Nur von Gerd wussten sie nichts.
Die Hausarbeit wollte sie sich mit Gerd teilen? – Sie konnte nicht einmal einen Lappen holen, um den eigenen Speichel vom Mund zu wischen.

Der Vater kommt zur Tür herein.
Sie schluckt, würgt fast.
Nein, sie würde nicht weinen. Diese Geschichte gehörte ihr. So wie alle anderen Geschichten.

„Was ist mit dir?"
Sie lacht rasselnd, fast hustend.
„Es freut mich, dass du lachst, mein Kind."
„Ja, Vater."

Verliebt

Deine Hand
liegt auf dem Tisch.

Der Zeigefinger hebt sich
langsam,
im mittleren Gelenk
eine leichte Beugung.

Halbkreisbewegung
nach links,
fester Aufschlag
auf die hölzerne Platte,
zweimal, dreimal, viermal
energisch.

Die Fingerkuppe zieht
auf dem Untergrund
nach rechts,
der Weg wird zur Spirale,
der Innenpunkt leicht angetippt.

Aufschläge kräftig und sanft,
Luftpfade kreisend und zackig.

Der Zeigefinger tanzt
die harmonischen Rhythmen,
die dein gelähmter Körper fühlt.

Ich lege die Hand
auf den Tisch,
lasse meinen Zeigefinger
behutsam
die Bewegungen finden,
bis unsere beiden Finger
einander berühren,
wieder abschweifen,
sich aneinanderschmiegen
und
träumen.

Qualenvogel

Ein Mädchen lebte mit seinen Eltern in einem Haus am Rande des Waldes. Da Vater und Mutter beim Landgrafen Dienst tun mussten, war das Kind den ganzen Tag sich selbst überlassen.
Eines Morgens fand es im Gebüsch ein Nest, in dem ein Ei lag. Es freute sich, da es sonst erst am Abend, wenn die Eltern heimkehrten, von des Grafen Küchenresten etwas zu essen bekam. Geschwind ergriff es das Vogelei, um es zu kochen. Da befahl eine Stimme: „Schlucke das Ei ganz hinunter, koche es nicht!"
Das Mädchen erschrak so sehr, dass es dem Befehl folgte, ohne sich zu besinnen.
Die Stimme sprach: „Nun werde ich mich an deinem Herzen laben, und du wirst langsam daran sterben. Dabei wirst du noch lachen und dich vergnügt zeigen, denn jede Träne würde mich wachsen lassen, und ich würde dein Herz umso schneller aufgezehrt haben."

Die Eltern freuten sich, weil das Kind fröhlicher wurde und nicht mehr vor Hunger weinte.
Der Sommer verstrich, und des Kindes Herz wurde so wund, dass es sich in einen tiefen Brunnen stürzen wollte, um dem Schmerz in der Brust zu entrinnen.
Der Vogel lachte boshaft, als das Mädchen am Brunnenrande stand, und ließ es besinnungslos werden. So sank das Kind nur ins Gras und fühlte sich danach schwächer als je zuvor.
„Du musst weiterleben, denn noch sollst du mich speisen. Erst wenn ich dein ganzes Herz aufgezehrt habe, kann ich als Qualenvogel aus dir aufsteigen und mein Werk in der Welt verrichten."
So musste das Mädchen sterbend weiterleben und mit seinem Lächeln die Eltern erfreuen.
Eines Tages beschloss es: „Ich will ein letztes Mal in meinem geliebten Wald wandern."

Dort umarmte es, so weit seine Arme reichten, die in Jahrhunderten hohl gewordene Buche, die es mehr liebte als jeden anderen Baum. Dem Kind rannen Tränen über das Gesicht.
„Hör auf! Halt ein, sonst bist du noch heute des Todes!" schrie das Wesen zornig.
Doch das Mädchen schmiegte sich umso fester an den Stamm.
„In deiner Umarmung will ich von Erden gehen."

Als das Abendrot den Himmel bedeckte, lag es zusammengesunken in den Wurzelarmen des starken Baumes. Seine Brust schmerzte. Doch warum lebte es? Noch beim Aufgang der Sonne war es gewiss, sein Ende sei nah. Und zudem hatte das Wesen es mit dem Tode bedroht.
Da erblickte das Mädchen im Wurzelgeflecht blutige Stücke eines schwarzen Vogelkükens.
Erschrocken klammerte es sich an die Buche. Diese strich mit ihren Ästen behutsam über sein Haar. Die sanfte Berührung ließ die Traurigkeit aus ihm herausströmen.
Mit den Tränen herausgeschwemmt wurden kleine schwarze Brocken, lange schleimige Fasern und blutige Stücke von Fleisch.
Der Qualenvogel lag tot in vielen Brocken vor ihm.
Nur ein Tag noch hatte dem Vogel gefehlt, um mit seinem spitzen Schnabel die Herzenshülle zu durchstoßen und auf schwarzen Schwingen in die Welt hinauszufliegen.

Das Mädchen fühlte das verbliebene Stückchen Herz in seiner Brust noch schlagen, doch es war schwach wie ein Windhauch. Da kroch das Kind in das Innere des alten Stammes und schlief ein.

Jahr für Jahr schlief es, eingehüllt von dem schützenden Rindenmantel.
In jedem dieser Jahre wuchs sein Herz wieder ein wenig, und langsam heilten die Wunden.

Als das Mädchen eines Sommers erwachte, spürte es, dass die Buche nicht mehr hohl, sondern es selbst mit seinem Leib zum inneren Lebenskern des Baumes geworden war.
Als es sich nach langem Schlaf reckte, bewegten sich die Äste wie von einem leichten Wind berührt.

Drei Fremde

In dem Augenblick, als die Lehrerin das Mädchen mit dem braunen Gesicht und dem schwarzen Haar vor sich her in unsere Klasse schob, wünschte ich mir, es würde meine Freundin werden.
„Das ist Fabiola Sandchez aus einem Dorf in Spanien. Sie spricht kein Wort Deutsch!"
Die Stimme der Lehrerin vibrierte. Es klang wie ein Vorwurf, als habe sich das Mädchen eine unverschämte Frechheit ausgedacht, und sie, die Lehrerin, dürfe es nicht zurechtweisen und hinschicken, wo es hingehörte, nämlich postwendend hinaus aus dieser Klasse, zurück nach Spanien.
Sie wies dem fremden Mädchen einen Platz vorne beim Pult zu, als sei es wichtig, es im Auge zu behalten, oder als ob es den anderen Kindern nicht zu nahe kommen sollte.
Fabiola schien wirklich kein Wort Deutsch zu verstehen, denn sie saß den ganzen Morgen völlig teilnahmslos da. Als der Unterricht zu Ende war, schaute ich im Vorübergehen in ihr Gesicht.
Sie hatte schönere Augen als alle anderen Mädchen in der Klasse. Ich wünschte mir, sie möge in meine Augen blicken und begreifen, dass ich sie gerne kennenlernen würde.
Ihr Blick aber glitt hinab zu meinen vernarbten Beinen und den Gehstützen.
Es hatte mich schon immer wütend gemacht, wenn Menschen nicht in mein Gesicht, sondern auf die Beine schauten. Dieses Mal aber gab es mir einen tiefen Stich, ich fühlte mich bloßgestellt und hinkte mit meinen Stützen so schnell weiter, wie ich nur konnte. Ihren Blick fühlte ich noch auf meinem Rücken, bis ich am Ende des Pausenhofes um die Ecke der Schule bog.
In den folgenden Wochen ertappte ich mich immer wieder dabei, wie ich mitten im Unterricht vor mich hinträumte.
Zum Beispiel stellte ich mir Fabiola auf einem Pferd vor, so ähnlich wie St. Martin. Sie verteilte an alle Kinder Brezeln, mich aber

hob sie hinauf, ritt mit mir spazieren und teilte ihre eigene Brezel mit mir. Musste sie sich nach dem Weg erkundigen, fragte ich für sie auf Deutsch und übersetzte es ihr ins Spanische.

Da Fabiola mich aber weder in den Pausen noch nach dem Unterricht auf einem Pferd abholte, wusste ich nicht, wie ich sie ansprechen sollte.

Ich überlegte, ob sie vielleicht eine andere Freundin wollte, die nicht beim Sport auf der Bank sitzen musste und keinen Mann bekommen würde. (Die Lehrerin hatte mir erklärt, da mich niemals ein Mann heiraten würde, müsse ich fleißig für die Schule lernen, um mein eigenes Geld zu verdienen. So würde ich später anderen Menschen nicht zur Last fallen.) Allerdings versuchte auch kein anderes Kind aus der Klasse, Fabiola anzusprechen.

Der Unterricht und die Pausen gingen so weiter, als gäbe es kein Mädchen aus Spanien. So hatte wohl auch die Lehrerin das Problem für sich gelöst. Sie blickte durch Fabiola hindurch, als sei sie nie zu uns in die Klasse gekommen.

Ob jemand meine verstohlenen, sehnsüchtigen Blicke bemerkte? Ob die Tochter der Frau Doktor und die Tochter des Herrn Lehrers nicht mit ihr sprechen durften wie ich mit Horst Knödler? Horst konnte nicht so gute Aufsätze schreiben wie ich und auch nicht so schnell denken. Seine Kleider hatten vor ihm schon die älteren Brüder getragen, und er wusch sich, glaube ich, nicht jeden Tag.

Er blickte mir aber immer in die Augen, als bemerke er die Beinschienen und Gehstützen gar nicht. Als er mir eines Tages von seinem Kaugummi die Hälfte abgab, und wir nebeneinander kauend den Bürgersteig entlangliefen, hatte ich einen Freund. Von nun an brachte er mich immer fast bis nach Hause. Er schlenderte langsam neben mir her, so dass ich ohne Anstrengung mithalten konnte. Das taten nicht einmal meine Eltern.

Zuhause verschwieg ich meinen neuen Freund, denn ich wusste, Sauberkeit und guter Umgang waren das Wichtigste. Als Horst

eines Tages klingelte, meine Mutter öffnete und ihn wegschickte, wusste ich, dass alles vorbei war. Sie telefonierte mit der Lehrerin, und diese achtete nun darauf, dass ich mit dem „Hochhausjungen" nicht mehr redete. Wir wurden weit auseinander gesetzt, mit braven Kindern zwischen uns, so dass wir auch keine Zettel schreiben konnten. Die braven Kinder sollten der Lehrerin gleich melden, wenn sie uns gemeinsam sähen.
So konnten wir meinen Heimweg nicht mehr zusammen gehen. Erst jetzt fiel mir auf, dass Horst nie wollte, dass ich ihn zu dem Hochhaus begleitete, in dem er mit seinen sieben Geschwistern und der Mutter lebte.
Noch lange danach bemerkte ich, dass Horst mich heimlich anschaute.

Ob Fabiola wusste, dass ich sie beobachtete?
In den Sommerferien dachte ich mir immer neue Möglichkeiten aus, auf Fabiola zuzugehen. Aber es war schwierig, weil ich kein Spanisch und sie kein Deutsch sprach. Ich konnte auch nicht einfach zu ihr gehen und wie Horst einen Kaugummi teilen, da ich beim Stehen die Gehstützen festhalten musste. Ich hätte mich erst setzen und die Stützen abstellen müssen, um den Kaugummi durchreißen zu können. In meinem Kopf schwirrten die Möglichkeiten, ich wog immer neue Ideen ab.

Im nächsten Schuljahr begrüßte uns die Lehrerin mit den Worten: „Fabiola Sandchez wird nicht mehr kommen."
In ihrer Stimme schwang Triumph, als habe sie uns den Sieg der Gerechtigkeit mitgeteilt.
Ich starrte auf den leeren Platz vor dem Pult, dann zu Horst Knödler.
Aber Horst schien meinen Blick nicht mehr zu suchen. Er sah aus dem Fenster.

Christine

Heute wird uns die Lehrerin die Mathematikarbeiten zurückgeben.
Was ich wohl für eine Note bekomme?
Die Lehrerin hat gesagt, wenn ich in dieser Arbeit keine Fünf schreibe, gibt sie mir im Zeugnis vielleicht noch eine Vier.
In Physik werde ich auf jeden Fall eine Fünf bekommen, denn ich verstehe nicht genug.
Schade, denn ich würde gerne wissen, warum Blitze nicht in Autos einschlagen und bei wie viel Grad Wasser im Gebirge kocht.
Das eine hat doch etwas mit einem Faraday-Käfig und das andere mit dem Luftdruck zu tun. Aber wie funktioniert es genau?
In meinem Kopf spazieren Celsius, Fahrenheit, Minuspol, Ampere und binomische Formeln durcheinander.
Moment, binomische Formeln gehören doch eher zu Mathe.
Das verstehe ich auch nicht schnell genug.
„Ziehe die Wurzel, bilde das Quadrat, errechne die Menge, ...“
Meine Antworten ergeben die Summe meines Nichtkönnens.
Ich wundere mich oft, warum die Lehrerin nicht schimpft, wenn sie die Hausaufgaben nachschaut.
Sie weiß, was ich weiß – ich kann die Aufgaben nicht selbst gemacht haben.
Wortlos betrachtet sie die Heftseiten mit den Kreisen und Quadraten und geht weiter.
Christine gibt mir jeden Morgen ihr Heft zum Abschreiben.
Sie versteht alle Formeln.
Das Abschreiben ist ein Wettlauf mit der Zeit. Selbst Geometrie muss ich im fahrenden Bus hinkriegen.
Die Lehrerin sieht die verwackelte Schrift und schweigt.
Jede Mathematikstunde bete ich: „Lieber Gott, lass mich bitte nicht drankommen.“
Dann spüre ich irgendwann doch ihren Blick.

„Aus dir wird nie etwas, du solltest auf die Hauptschule zurück", sagen ihre Augen. Ihr Mund aber spricht nur: „Geh an die Tafel!" Alles wird geschehen wie immer, und ich weiß es schon vorher. Die neunundzwanzig anderen Kinder kennen den unabänderlichen Ablauf schon auswendig. Lauten Spott verkneifen sie sich. Die Mathematiklehrerin duldet nicht, dass die Kinder mich auslachen, denn meine Dummheit ist eine ernste Sache.
Christine lacht mich nicht aus, sie versucht, mir Schnittmengen, Koordinaten und Tangenten in den Kopf hineinzuerklären.
Wie viele Nachmittage haben wir gelernt und immer wieder gelernt, um der Mathematiklehrerin ein „ausreichend" abzutrotzen!
Warum ich die Realschule nicht endlich freiwillig verlasse? Die Lehrerin meint, weil es mir an der Erkenntnisfähigkeit mangelt, das wahre Ausmaß meines Unvermögens zu begreifen.
Mein Deutschlehrer hat mich einmal nach vorne geholt, als alle anderen Kinder schon auf dem Pausenhof waren.
„Ich wünschte, du würdest die Schule schaffen, denn du hast eine wunderbare Phantasie."
Diesen Satz trage ich wie ein Kleinod in meinem Herzen.
Nur einen Augenblick befürchtete ich, der Deutschlehrer könnte mein Geheimnis entdeckt haben.
Aber nein, es ist unmöglich, er kann nicht wissen, wie phantasievoll ich wirklich bin.

Er kann nicht ahnen, was ich alles erdichtete, um den Stadtmenschen meine wahre Herkunft zu verschleiern. Gerade weil ich so gut Geschichten erzählen kann, hat mich Zuhause das Waldvolk zur Königin gewählt. Um für sie besonders fremdartige Geschehnisse in Erfahrung zu bringen, beschloss ich, weit fort zu den Menschen in die Stadt zu wandern.
In der Schule kann ich nicht auf Gleichungen, Formeln und Zahlen achten, denn in meinem Kopf sammle ich Geschichten und ersinne Märchen.

Da mich die Mathematiklehrerin nur mit dem Munde, nie aber mit dem Herzen fragt, warum ich nichts begreife, fällt es mir leicht, ihre Fragen unbeantwortet zu lassen.
Für Christine aber erfand ich eine Geschichte, die sie verstehen würde. Ich erzählte ihr von den städtischen Kliniken, in denen meine Mutter läge, von meiner Oma, die mich ermahnte, zu Gott zu beten, damit meine Mutter nicht sterben möge. Damit Christine nicht merkt, dass alles nur erfunden ist, fahre ich jeden Morgen mit dem gleichen Bus wie sie und schreibe die Hausaufgaben ab. Nach der Schule laufe ich zum Krankenhaus.
Christine denkt, ich würde oft weinen. Meine Augen tränen aber nur, weil es in der Stadt windiger ist als Zuhause im Wald. Ich war schon immer gegen Luftzug empfindlich.

Die Lehrerin gibt mir das Heft mit der Mathematikarbeit zurück. Ihre Augen sagen mir, dass ihre Prophezeiung in Erfüllung gehen wird. Sie legt die Arbeit auf den Tisch, ohne das Wort an mich zu richten.
Warum auch, es ist alles vorbei. Ich werde zum zweiten Mal sitzenbleiben. Dann muss ich die Schule verlassen.

Aber ich kann doch nicht jetzt von der Schule fliegen, wo ich meiner Mutter besonders viel Freude machen soll!
Weinend fliehe ich in meinem Wald, doch dort stehen nur Fichten und Kiefern. Wo ist das geheime Tor zu meinem Reich?
Vor lauter Tränen finde ich den Pfad nicht, und mein Schluchzen vertreibt das scheue Waldvolk.
Da ich die Tür zu meinem Land nicht finden kann, hole ich aus dem Apothekenschränkchen im Bad Schlaftabletten.
Bisher glaubte ich, man wäre nach ein paar Stunden tot, wenn man Tabletten isst.
Aber ich muss nur brechen und lebe weiter.
Mein Vater wird mir einen Dackel kaufen, damit ich mir nicht länger einbilde, ich wäre allein.

Schuhe

„Gnädige Frau, wie gefallen Ihnen die Schwarzen?"
„Was meinst du, Ken?"
„Wären die mit dem Fellbesatz nicht noch exquisiter?"
„Nein, dann doch eher die mit dem Goldstreifen."
„Darf ich der Dame unsere edelste Kreation vorstellen? Direktimport aus Florenz – reine Handarbeit."
„Darling, darin siehst du reizend aus."
„Aber Ken ... der Preis!"
„Spielt keine Rolle, mein Herzblatt."
Ken schnippte mit dem Finger nach dem Verkäufer.
„Packen Sie die Schuhe ein! – Du wirst auf dem Ball einfach bezaubernd aussehen."

Der Silvesterball war das größte Ereignis in der kleinen Stadt.
Jedes Jahr wurde sie von den anderen Damen wegen ihrer wunderbaren Kleider, insbesondere aber der fast unverschämt ausgefallenen Schuhe, beneidet.
In der Nacht träumte sie, wie im Kindermärchen, sie habe sieben Paar Schuhe zertanzt.

Meine Schwester warf die Handtasche mit gekonntem Schwung auf den oberen Teil des Zweistockbettes.
„Es war herrlich, Robert hat mich zu allen Tänzen aufgefordert – sogar zum Kaiserwalzer.
Mutter war so stolz, dass wenigstens ich beim Abschlussball so schön war wie die anderen."
Erschrocken hielt sie inne.
Wie immer tat ich, als habe ich den Sinn ihrer Worte gar nicht begriffen und lenkte das Thema auf die verschiedenen Tänze.
Rock´n´Roll war die Spezialität meiner Schwester. Sie hatte schon vier Fortgeschrittenenkurse in der Tanzschule belegt.

Als ich darum bat, erklärte sie mir die Schrittfolge und versuchte, mir vorzutanzen. Das funktionierte alleine aber nicht so richtig.

„Oh, Ken, diese schrecklichen Schuhe trage ich auf keinen Fall!"
„Aber Darling, du weißt doch, dass wir auf keine Tanzparty gehen. Wir haben eine Bergexpedition vor, da ist der robuste Stiefel schon aus Sicherheitsgründen Voraussetzung."
„Wohin wandern wir, Ken?"
„Du wolltest doch schon immer auf die Zugspitze – da kommt unser Bergführer."

Ich hörte Mutter aus der Küche rufen: „Beeil dich, wir müssen in die Stadt! Hast du die Schuhe angezogen?"
Schnell stopfte ich Ken und Barbie unter mein Bett. Mutter fand es kindisch, dass ich noch mit Puppen spielte. Tante Ellen hatte mir die Barbiepuppe und den Freund von Barbie vor ein paar Jahren zu Weihnachten geschenkt. Ich spielte heimlich damit, weil Mutter meinte, ich sei zu alt dafür.

Der Orthopädiemechaniker schenkte mir eine Plastikblume. Die Schuhe waren extra für mich von Hand angefertigt worden, und der Schuhmacher sagte, sie wären so teuer wie ein Modellpaar aus Italien.
Er lächelte freundlich: „Wenn du möglichst am Tisch sitzen bleibst, werden alle in dein Gesicht sehen und glauben, du seist ein hübsches Mädchen."

Meiner Mutter erklärte er, die Schuhe wären ein Wunder der Orthopädietechnik.
„Von außen könnte man fast glauben, das Mädchen hätte einfach nur robuste Wanderschuhe an! Die Spezialtechnik ist innen mit einem raffinierten Mechanismus eingebaut."

Auf dem Heimweg musste ich mich sehr anstrengen, um mit meiner Mutter und meiner Schwester mitzuhalten.
Sie waren mir immer einen halben Schritt voraus. Aber weil ich wusste, dass sie wegen mir schon extra langsam gingen, beschwerte ich mich nicht.

Wie ich es oft in solchen Momenten getan hatte, träumte ich mich weg.
Ich verwandelte mich wieder in Barbie, erblickte in der Ferne den Gipfel der Zugspitze und stemmte mich gegen den eisigen Wind.
Es war schwer, die steilen Gebirgspfade hochzuklettern, darum stolperte ich manchmal.
Dennoch lächelte mich der Bergführer anerkennend an.

Zukunftsangst – oder: Nach dem Unfall

Schmerzen nach dem Unkrautjäten,
Schmerzen beim Stehen am Herd,
Schmerzen beim Plaudern auf dem Flur;

in den Beinen,
in den Füßen,
im Rücken.

Das ist eine natürliche Alterungsfolge, weil eben alles abbaut –
die Muskeln, die Drüsentätigkeit, die Hormonausschüttung,
die Knochenbelastbarkeit.

Ich beobachte ältere Frauen,
die Unkraut jäten,
am Herd stehen,
im Flur plaudern;

schlendere die Straße entlang,
sehe Frauen, die sich – auf Stöcke gestützt –
wehren gegen das Fahren im Rollstuhl.
Ein Stock oder zwei – ihre Waffen gegen das endgültige Sitzenbleiben.

Ich beobachte die, die den Anderen beim Tanzen zuschauen.
Höre sie von ihrem geliebten Garten erzählen, gegen dessen üppiges Wachstum sie nicht mehr ankamen, der zu verwildern drohte, hätten sie ihn nicht abgegeben.

Ich schaue auf die Füße von Frauen, die sich die Nägel schneiden lassen, weil sie nicht mehr mit der Schere ihre eigenen Zehen erreichen.

Das habe ich schon alles hinter mir.
Dabei bin ich erst halb so alt, wie ich sein dürfte für den Abbau.
Ich war sogar auf der Stufe des Gefüttertwerdens, löffelchenweise, zurückgefallen wie ein Kleinkind - oder nach vorne gefallen wie eine Greisin.

Da ich noch so jung war, schaffte ich es zum zweiten Mal, gehen zu lernen.
Die Freiheit zum Unkrautjäten, Kochen, Plaudern tausche ich nun gegen Schmerzen.

Welcher Tag wird es sein, an dem ich aufgebe und anderen den Kampf gegen Löwenzahn und Disteln im Blumenbeet überlasse?
Ein Montag oder ein Dienstag?
Mein Blick folgt Frauen, die sich mit leise summenden Elektrorollstühlen voller Tatendrang Supermärkte, Diskotheken und Arbeitsplätze erkämpfen.
Vielleicht bin ich eine von ihnen, so wie die Raupe eigentlich ein Schmetterling ist.
Heimlich stecke ich mir ein wenig ihrer Kraft in meine Einkaufstasche.

Angst habe ich vor Treppen, die ich nicht mehr hochsteigen könnte, in meinem eigenen Haus, in der Stadt, zu den Wohnungen meiner Freundinnen.
Angst vor dem Kopfschütteln ärztlicher Kapazitäten, denen es dann auch nicht mehr gelingen würde, mich gehend zu machen.

Ich drehe die Musik lauter und lauter,

schaue aus dem Fenster

und beobachte...

Rhönmärchen

Ich fuhr mit meinem Auto in Richtung Ostheim vor der Rhön. Diese Fahrt hätte eigentlich nur ein Ausflug werden sollen, bei dem ich die dortige Kirchenburg, die doppelte Stadtmauer und die Wachtürme, die die Stadt einst schützten, besichtigen wollte.
Dann hatte ich aber an der Tankstelle bemerkt, dass Qualm aus dem rechten Hinterreifen quoll. Der Mechaniker erläuterte mir die technische Ursache, es hatte etwas mit der Bremse zu tun.
Da er Feierabend machen wollte, musste ich wohl oder übel in Ostheim übernachten. Am nächsten Abend holte ich den reparierten Wagen aus der Werkstatt ab.
Auf der Rückfahrt entschloss ich mich, die Bundesstraße zu verlassen und die landschaftlich schönere Nebenstrecke zu benutzen.

Es dämmerte bereits, als ich eine sehr abgelegene Waldstraße entlangfuhr. Mir gefiel, dass die Schneereste am Straßenrand sauber waren und nicht, wie sonst überall, als grauer gefrorener Schmutz herumlagen.
Kurz vor dem Ende des Waldstückes stand ein grün umrandetes Straßenschild mit der Aufschrift „Naturschutzgebiet".
Nach diesem Hinweis begann eine mir fremdartig erscheinende Landschaft.Versumpfte Wiesen, Felsbrockenhaufen, vereinzelte Bäume, die sich in ihrer Unbelaubtheit düster mit der Dämmerung zu einer abweisenden Weite verwoben.
Im Touristenführer hatte ich gelesen, dass seltene Pflanzen- und Tierarten hier noch eine Überlebensnische fänden.
Am Himmel leuchteten vier Abendrotstreifen.
Aus einer plötzlichen Laune heraus stellte ich mein Auto am Straßenrand ab und stieg aus.
Ohne das Motorengeräusch schien jede Verbindung zur menschlichen Zivilisation wie abgetrennt. Ich schritt die Straße entlang

und betrachtete den Himmel. Nur noch schmale rötliche Bänder erhellten das dunkle Blau.
Je weiter ich ging, umso deutlicher nahm ich die mir unbekannten Tiergeräusche wahr.
Zunächst glaubte ich, die kurzen Schreie würden von Nachtvögeln ausgestoßen. Schließlich begriff ich, dass die in meiner Nähe flatternden Tiere Fledermäuse waren. Ich zwang mich, an die Wichtigkeit dieser Lebewesen im Gesamtökosystem zu denken.

Ein letzter rötlicher Wolkenschimmer verschmolz mit der Himmelsschwärze.
Der Abendstern erinnerte mich an eine Warnleuchte.
Immer stärker fühlte ich den Wunsch umzukehren, mich in mein Auto zu setzen und mit hundert Stundenkilometern diese verwunschene Gegend hinter mir zu lassen.
Diese Gefühle erschienen mir lächerlich und unwissenschaftlich. Ich verfluchte alle Kindermärchen und Gruselgeschichten, denn ich meinte, in ihnen den Keim solcher Ängste zu erkennen.
Ich wollte stärker sein als der böse Wolf, der schwarze Mann und Dracula und gegen das scharfe Licht des Abendsterns voranschreiten.

Mit jedem Schritt, den ich weiterging, fühlte ich mich leichter, fast heiter.
Hatte ich vorhin noch gefroren, so war mir inzwischen jedes Gefühl von Kälte oder Wärme abhanden gekommen.
Der Nachtnebel umzüngelte meine Finger, Hände und Arme – und löste sie auf.
Er umgarnte meine Füße und Beine. Ich stürzte auf die sumpfige Wiese; schließlich war von mir nur noch ein Korpus mit Kopf übrig.
Noch fühlte ich die Feuchtigkeit des Grases an meiner Wange, aber der Nebel löste aus meinem Rumpf und meinem Gesicht immer

größere Stücke heraus. Schließlich blieb nur ein Reststück, wie der Kern einer Frucht, übrig.
Heftige Windböen wehten mich in ein Moorloch. Dort umfing mich zäher Sumpfschlamm. Langsam sank ich bis auf den Grund des Moores.

Nach einer Weile wurde ich jedoch wieder herausgezerrt, ohne zu wissen, von wem. Auf einer flachen Felsenplatte wurde ich niedergelegt, sogleich stürzten Steinbrocken auf mich herab.
Eine Stimme schrie: „Sie stirbt nicht! – Warum stirbst du nicht?"
Ich schwieg, denn ich wusste keine Antwort.
Eine andere Stimme sprach: „Ich bin die Felsenmutter. Du kannst mich nicht sehen, weil du ein Mensch bist. Aber vielleicht vermagst du mich zu hören?"
Da erblickte ich das Antlitz der Mutter aller Gebirge.
„Felsenmutter, ich sehe dich und höre deine Stimme."
Das steinerne Gesicht schien sich ein wenig zu bewegen.
„Erzähle mir, was die Kreuzotter im Sommer träumt."

Außer im Schulunterricht, auf einer Lehrbuchabbildung, hatte ich noch nie eine solche gesehen.
Plötzlich aber fühlte ich unter mir die feuchte Erde, das kühle Gestein, meinen eigenen Körper, umhüllt von glatter, schuppiger Schlangenhaut.
Meine Gedanken kreisten um Feldmäuse.
Ich erzählte der Felsenmutter die Sommerträume der Kreuzotter.
Als ich endete, nickte sie.
„Du stirbst nicht, weil du ein Kind der Erde bist.
Du warst Schlange, Vogel, Baum, Stein und Wind.
Du hattest dich nur verirrt. – Willkommen Zuhause."

Intensivstation

Ich sitze an deinem Bett,
wie jeden Tag
seit vielen Wochen
auf dem harten, hölzernen Stuhl
mit blau lackierten Metallbeinen.

Alle zwei bis drei Stunden
ziehe ich den grünen Schutzkittel aus,
gehe durch die Schleuse
in den hellen Flur,
esse Brötchen, trinke Kaffee.

Sitze bald wieder auf dem Stuhl,
betrachte dein Angesicht.
Der Arzt sagt, ich soll zwischendurch
etwas anderes tun, mich ablenken.
Er meint, du würdest sowieso
nicht merken, ob ich da bin.

Den Atem dieser Welt
gibt dir eine Maschine.
Deine Nahrung kommt durch einen Schlauch,
der durch die Nase in die Speiseröhre führt.

In deine Armvene führt eine Infusionsnadel.
Was in den verschiedenen Flaschen ist,
die abwechselnd daran angeschlossen werden,
kann ich mir längst nicht mehr merken.

Dein Herzschlag spiegelt sich
in grünen Kurven
auf einem Monitor.
Ich möchte dich sanft berühren,
doch die Schläuche und Elektroden
lassen meine Hand
wie einen Fremdkörper
auf deinem maschinenbelebten Leib erscheinen.

Ich träume mich ein paar Monate zurück,
in das Zimmer mit den Blumensträußen.
Du lagst erschöpft von deiner Reise
aus meinem Innen
in die Lichtflut der Welt
auf meinem Bauch.
Wir schliefen beide arglos ein.

Warum giert der Tod nach einem Kind,
das noch nicht einmal
vier Jahreszeiten erlebte?

Es wird Abend;
die Nachbarskinder sitzen um diese Zeit
vor dem Fernseher und schauen Sandmännchen.
Ich werde nach Hause fahren.

Leise gehe ich zur Tür,
schließe sie sacht,
als könnten meine Schritte
deinen Schlaf stören.

Zwölfter Geburtstag

Guten Abend,
gut' Nacht,
mit Rosen bedacht,
mit Näglein besteckt ...

Seit wenigen Monaten
ist dies dein Bett.
Ich habe dich gefüttert,
gewaschen, gewickelt,
dir ein Schlaflied gesungen.
Du lächelst mich an
oder durch mich durch
oder in dich hinein?

Ich bin voller Erwartung,
welche Fragen du mir bald stellen könntest.
Wann du das erste Mal „Nein!" sagen wirst
und „Ich will aber!".

Guten Abend,
gut' Nacht,
mit Rosen bedacht,
mit Näglein besteckt ...

Seit drei Jahren
ist dies dein Bett.
Ich habe dich gefüttert,
gewaschen, gewickelt,
dir ein Schlaflied gesungen.
Du lächelst mich an
oder durch mich durch
oder in dich hinein?
Ich habe Hoffnung,
dass du mir noch Fragen stellen wirst,
zum ersten Mal „Nein!" sagst
und „Ich will aber!".
Später.

Guten Abend,
gut' Nacht,
mit Rosen bedacht,
mit Näglein besteckt ...

Seit sechs Jahren
ist dies dein Bett.
Ich habe dich gefüttert,
gewaschen, gewickelt,
dir ein Schlaflied gesungen.
Du lächelst mich an
oder durch mich durch
oder in dich hinein?

Ob du mir je Fragen stellen wirst,
ob du irgendwann zum ersten Mal „Nein!" sagst
und „Ich will aber!"?

Guten Abend,
gut' Nacht,
mit Rosen bedacht,
mit Näglein besteckt ...

Seit zwölf Jahren
ist dies dein Bett.
Ich habe dich gefüttert,
gewaschen, gewickelt,
dir ein Schlaflied gesungen.
Du lächelst mich an
oder durch mich durch
oder in dich hinein?

Jeder Tag
ist ein neuer Tag,
wie ein alter Tag,
ein Geburtstag wie ein Weihnachtstag,
ein Samstag wie ein Montag,
morgen,
heute,
vorgestern,
jeder Tag ist...

Anmerkung der Autorin:
Der Refrain „Guten Abend, gut´ Nacht, mit Rosen bedacht, mit Näglein besteckt ..." ist deutschem Liedgut entnommen.
(Melodie: Johannes Brahms, Nr. 4 aus *Fünf Lieder für eine Stimme op. 49*, nach einer Volksweise.
Text: aus *Des Knaben Wunderhorn* veröffentlicht von Clemens Brentano und Achim von Arnim.)

Seit deinem ersten Lächeln

Du ziehst die Gardine
vor und zurück,
vor und zurück,
blickst aus dem Fenster.

Wohin –
auf den Bauernhof gegenüber?
Hinein in deine eigene Welt?

Manchmal würde ich dich gerne
danach fragen,
manchmal wünschte ich,
du würdest mich hinüber
auf den Hof
zu den neugeborenen Katzen ziehen
und darum betteln,
dass du eine für dich haben darfst.

Ich wurde bedauert,
weil du nicht gestorben bist,
denn was könnte ein Kind,
das nicht laufen, sprechen,
ja, nicht einmal alleine essen kann,
anderes sein, als eine Last?

Ich schweige dazu,
denn welche Worte
könnten begreiflich machen,
dass ich dich liebte
seit deinem ersten Lächeln?

Nixenteich

Der Wanderweg war ordentlich beschildert. Rote, blaue und weiße Zeichen markierten die verschiedenen Ziele.
Ich folgte dem Hinweis zum Nixenteich. Dabei stellte ich mir Forellenteiche vor, angelegt vom örtlichen Anglerverein.
Da der Weg nicht befestigt und durch die letzten Regenfälle aufgeweicht war, mieden andere Wanderer die Strecke.

So konnte ich ungestört meine Gedanken schweifen lassen. Umgestürzte Bäume boten mir Motive zum Fotografieren. Auf eine Anhöhe gelangt, blickte ich tief hinab zu einem Bach. Das Wasser sprang über Steinbrocken, eilte spritzend und Strudel bildend an Baumwurzeln und Farnen vorbei.
Unverhofft erblickte ich ein rundes Basaltbecken, in das sich ein kleiner Wasserfall ergoss. Das also war der Nixenteich!
Ich stieg hinab. Obwohl kein Verbotsschild aufgestellt war, beschlich mich das Gefühl, dass ich an diesem Ort nur schweigend verweilen und bald weitergehen sollte.

Was trieb mich nur dazu, in das Gewässer hineinzulaufen und schließlich mit allen Kleidern, die ich trug, einzutauchen?
Mein Körper zitterte in der Klarheit des Wassers, bis ich schließlich verwirrt das steinerne Becken verließ.

Völlig durchnässt eilte ich den Pfad zurück zu meinem Wagen. Um mich nicht zu erkälten, nahm ich frische Kleidung aus der Reisetasche und zog mich um.
Doch der Wollpullover und die trockene Hose wärmten nur meinen Außenkörper. Auch die eingeschaltete Autoheizung half mir nicht. So beschloss ich, mich warmzulaufen, und hielt an dem Parkplatz, von dem aus die alte Kultstätte Milseburg erstiegen wer-

den kann. Zügig erklomm ich den steilen Hügel, dennoch wurde mir kälter und kälter.
Meine Bewegungen wurden immer ungelenker, jeder Schritt noch anstrengender als der vorhergehende.
Als komme ein stockendes Zahnrad zum Stehen, sank ich auf die Erde und war keiner Bewegung mehr mächtig.
Erst als ich schließlich aufhörte, mich gegen die völlige Bewegungslosigkeit, das Versagen meiner Stimme, den Stillstand meines Herzens aufzubäumen, begriff ich, dass mein Körper ein Fels geworden war.
Da meine Augen steinern waren, vermochte ich nicht einmal darüber zu weinen.
Alte Feen strichen besänftigend über meine Basaltschultern.

Ich fühlte, wie der Regen die eckigen Kanten glatt wusch; meine versteinerten menschlichen Züge verwischten.
Sacht berührten die Feen meine Rundungen und lächelten.
Gemeinsam hoben sie mich auf, flogen zum Gipfel der Milseburg und sangen das Freudenlied der Steine.

Plötzlich ertönte auch meine Stimme, laut und kraftvoll.
Da schleuderten mich die Feen lachend vom Gipfel herunter.
Ich prallte gegen Basalt und fiel in Stücke zersprungen wieder in das Becken.
Als der letzte Splitter untergetaucht war, fühlte ich, wie sich mein Menschenkörper um mich herum neu bildete.
Nur mein Herz blieb aus Basalt, rund, abgeschliffen, zeitvergessen.
Nun singt es das Freudenlied der Steine, in Nächten, in denen Menschenherzen sich verlassen fühlen.

Betrachtung einer Fotografie

Nein, sie sind nicht tot – oder würden tote Hundeaugen auch grünlich im Fotoblitz reflektieren?
Vier Frauen und ein Hund liegen auf dem Fußboden.
Ich schließe die Augen und stelle mir den Estrich weich vor, gerade eben mit dem großen Gebläse einer Mischmaschine heraufgepumpt.
Die Frauen kühlen sich darin. Dreißig Grad Außentemperatur, die die Dachwohnung stickig aufheizen, sind in der breiigen Mischung gut auszuhalten.
Bei jedem Widerstand gibt die feuchte Masse nach, und so ist den Körpern alles möglich – Kugeln, Wälzen, Rollen.
Estrich härtet langsam, so dass die Bewegungen nicht plötzlich stocken, aber stetig kraftaufwendiger werden.
Ein Armheben gegen die Haltekraft des Untergrundes wird anstrengend, wie ein mühseliger Fußmarsch durch Moorlandschaft.
Erste Zementschleier sind schon auf der Haut verkrustet.

Sind die Frauen und der Hund einfach auf dem Boden liegengeblieben, oder haben sie sich eine Position ausgesucht, die etwas Besonderes aussagen soll?

Weil die Besitzerin des Hauses die Skulpturen nicht einfach unter dem neuen Teppich verschwinden lassen wollte, schnitt sie ihn rund um die Leiber aus.

Dir schenkte ich mein Herz

Es war mir wichtig, F. glaubhaft zu machen, ich sei glücklich. Sonst hätte sie mich wieder fürsorglich zu einem geselligen Beisammensein eingeladen. Hilfsbereit wie sie ist, buk sie mir sogar einmal Kuchen, um mich aufzuheitern.
Aber Konzerte und Theaterabende rissen mich aus meinem Nachdenken. Immer wieder musste ich dann von vorne anfangen, um das Wesentliche in den Griff zu bekommen.
Deshalb erschien es mir besser, F. erfundene Anekdoten von Ausflügen und guten Speiselokalen zu erzählen.

Nachdem sie gegangen war, hing noch ein Hauch ihrer Herzensgüte in meinem Zimmer. Wenige Augenblicke gönnte ich mir diese Wärme, dann riss ich das Fenster auf, musste jeden lauen Verschleierungsdunst herauslüften.

Es blieb die eisige Klarheit einer Dezembernacht. Die Untersuchungen meines Harns, der Haut, Haare, Tränenflüssigkeit, des Blutes waren negativ ausgefallen.
Fünf Wochen Analysetätigkeit brachten das enttäuschende Ergebnis: völlig gesund!
Warum aber fühle ich mich dann seit der Implantation der rechten Herzhälfte von D. so krank, dass ich vor Schmerzen kaum mehr die äußere Fassade wahren kann?

Wir hatten es uns so wunderbar vorgestellt – in unserer Brust würde ein gemeinsames Herz schlagen.
Ich wollte ihr meine Hälfte schenken, sie mir ihre.

Wie sehr wünsche ich mir schlechte Leberwerte oder eine Infektion – kurz: eine greifbare Erklärung.
Aber ich bin gesund.

Oft überlegte ich, wie es D. wohl gehen mochte. In den letzten Monaten beobachtete ich sie heimlich.
D. arbeitete, ging ins Kino, lachte lauthals wie immer. Ob die seltsame Schmerzenskrankheit nur mich ergriffen hatte?
Ob D. mich verlassen würde, wenn sie davon erführe?
Solche Fragen peinigten mich bis gestern immer wieder.

Bis ich, es war genau 15.22 Uhr, in einem einzigen Augenblick alles begriff.
D. und ich unternahmen gerade mit dem Auto einen kleinen Ausflug. Wir ließen die Landschaft an uns vorüberziehen, lachten gemeinsam über eine lustige Radiosendung.
Da fühlte ich einen Blick, wie einen Röntgenstrahl – unbeweisbar und doch alles durchdringend – auf mich gerichtet.
Ich sah in ihre Augen und verstand.

Zwar ist es eine leicht beherrschbare Operation, die jeweiligen Herzen zu halbieren und zu transplantieren. Die Reimplantation jedoch gilt als nahezu undurchführbar.
Ich bat D., mich nach Hause zu fahren.

Warum ich F. nichts erzählt hatte, obwohl sie die Güte in Person ist?
F. beobachtet schon seit längerem meinen schleichenden Verfall, begreift aber nicht, wie nahe ich dem Tode bin.
Ihre eigene Herzhälftentransplantation mit S. war problemlos verlaufen. Seitdem vertritt sie die Überzeugung, dies sei nur eine Frage des Willens. Vor allem missbilligt sie, wenn Liebende sich keine Rhythmusgleichschalter spritzen lassen.
„Solche Leute kann ich nicht bedauern", betont sie immer wieder.
Aber ich war mir so sicher gewesen. Das Vorhaben schien mir über jeden Zweifel erhaben; die Herzen von D. und mir würden

in vollkommenem Gleichklang schlagen. Sie seien, so glaubte ich, von einer höheren Macht füreinander bestimmt.
Gestern, um 15.22 Uhr begriff ich, dass sie sich stattdessen auf Leben und Tod bekämpften.

F. ist vorhin gegangen. Es war mir wichtig, ihr glaubhaft zu machen, ich sei glücklich. Sonst hätte sie mich wieder fürsorglich zu einem geselligen Beisammensein eingeladen.
Nun bin ich ungestört.
Mir steht die letzte und schwerste Prüfung bevor:
die des Herzens.

Das Ergebnis steht nun fest. D.s Herzhälfte hat meine umwachsen und löst sie, Zelle für Zelle, auf. Ich werde mir die Winterreise von Schubert anhören.
Danach beginne ich mit der Selbstoperation, denn kein Arzt führt diese gefährliche Entfernung des Fremdherzanteiles durch.
Ein Anästhesiemittel kann ich nicht benutzen, denn ich muss ja fühlen, welches Stück zu mir gehört, und welchen Gewebeteil ich abtöten muss.
Hoffentlich reicht die Pumpleistung meiner eigenen Hälfte noch aus, hoffentlich verblute ich nicht, hoffentlich bin ich stärker als der unbetäubbare Schmerz.

Innenherbst

Septemberbraun –

erste Kastanienblätter

teilen sonnenbeleuchtet auf

in Alleinbetrachtende

und Händchenhaltende.

Altenheim

Die Pförtnerin führte den Boten des Blumengeschäftes in den Speisesaal. Er überreichte Frau Reger einen üppigen Frühlingsstrauß mit Grußbrief. Wie immer gab sie ihm ein großzügiges Trinkgeld und lächelte.
Die anderen Damen des St. Joseph Stiftes raunten und tauschten Blicke aus.
Nach Beendigung des nachmittäglichen Kaffeetrinkens bedauerten die einen, dass um diese Zeit noch nichts Gescheites im Fernsehen käme. Die anderen brachen zu ihrem täglichen Nachmittagsspaziergang in den Park auf.
Es war wichtig, jeden Tag in den Park zu gehen, denn die Tauben warteten dort auf die Kuchenreste.

Frau Reger strickte weder Socken für Enkel, noch stickte sie Adventsdeckchen für den Weihnachtsbasar. Sie kaufte keine Arztromane, sah selten fern.
Stattdessen zog sie sich nach den Mahlzeiten in ihr Zimmer zurück, um die vielen Briefe zu beantworten. Zwischendurch pflegte sie die überreichten Blumen oder verschenkte Konfekt an Damen, die nie Besuch bekamen.
Wegen Frau Regers vornehmer Bescheidenheit wagten die anderen nicht nach dem Grund der ihnen geradezu überwältigend erscheinenden Flut an Briefen, Blumen und Geschenken zu fragen. Erst im Laufe mehrerer Jahre war es ihnen möglich, aus einzelnen Beobachtungen und Bemerkungen Schlüsse zu ziehen.
Die meisten der Bewohnerinnen waren als junge Frauen Zuhause geblieben, um Mann und Kinder zu versorgen. Jetzt ins Altersheim verwiesen, fühlten sie sich um den Mutterlohn für ihre Aufopferung betrogen.
Wie konnten ihnen die Kinder, deretwegen sie doch alles aufgegeben hatten, das antun? Gab es keine Dankbarkeit?
Anscheinend doch.

Frau Reger war früher Krankenschwester auf einer Intensivstation gewesen und hatte dort Schwerverletzte und Todkranke gepflegt. Kolleginnen, Ärzte und auch der Herr Professor hatten ihre fachliche Kompetenz geschätzt. Patienten, die die Station lebend verließen, waren dankbar für die aufopfernde Pflege. Angehörige Verstorbener waren dankbar für den gespendeten Trost.
Am letzten Arbeitstag vor der Berentung wurde ihr in einer Rede versichert, ihr Ausscheiden werde eine nicht zu schließende Lücke hinterlassen. Man überreichte ihr ein Blumenbukett. Zwischen den Lilien steckte ein goldfarbenes Täfelchen mit der Aufschrift:
Danke, liebe Schwester Eva-Maria, für all das Gute, das Sie getan haben.

Nach mehreren Jahren war das Geheimnis also gelüftet. Frau Reger hatte ihr Leben einer wirklich guten Sache geopfert. Jetzt empfing sie den redlich verdienten Dank dafür. Wer hätte es ihr neiden wollen? Insbesondere bei der Bescheidenheit, und wo sie sogar ihr Konfekt verschenkte!

An ihrem achtzigsten Geburtstag verstarb sie friedlich und unverhofft. Eine wahre Flut von Briefen, Karten und Blumen ergoss sich, denn wer von den Gratulanten hätte mit diesem bedauerlichen Ereignis rechnen sollen?

Eine Pflegerin sollte die Post entfernten Verwandten zusenden. Sie bemerkte, dass die Gratulation jeder Person doppelt vorhanden war. Ja, die Frau Reger war alt geworden. – Wie hätte sie sonst vergessen können, dass an ihrem achtzigsten Geburtstag wirklich Post von Verwandten, Bekannten und früheren Kolleginnen kommen würde?

Die selbstgeschriebenen Briefe schaffte die Pflegerin unauffällig beiseite. So blieb die Erinnerung an eine alte Dame, die sich nie über Einsamkeit beklagt und vor allem noch im hohen Alter geschätzt worden war.

Das Spiel

Die Ingenieurin Gabriele Richter warf einen letzten prüfenden Blick auf das blaue Modellfahrzeug und drückte dann auf einen weißen Knopf. Eilfertig kam ihre Sekretärin herbei, um die zu erwartenden Instruktionen entgegenzunehmen.
„Kann in Serie gehen", meinte die Ingenieurin und tat gelassen, obwohl sie mehr denn je überzeugt war von ihren Fähigkeiten. Allein die Wagen, die gerade in Serie gehen sollten, würden der Firma mindestens einen Umsatz von zwölf Millionen bringen.
Insgeheim verachtete sie diese Arbeit, andererseits verschafften die Erfolgsbilanzen in den Sparten Autos, Puppen und Teddybären ihr die finanziellen Freiräume, die sie für ihr eigentliches Projekt benötigte.

Sie öffnete das Privatlabor und versuchte, ruhig zu atmen. Ihre langjährigen Forschungen würden bald erfolgreich abgeschlossen werden.
Nächtelang hatte sie wach im Bett gelegen und gegrübelt, welchen Namen ihre Erfindung bekommen sollte.
Schließlich entschied sie sich für *DAS SPIEL*.
Liebevoll begutachtete sie ihr Werk.

In einer großen, schwarzen Kugel befand sich eine beachtliche Anzahl von kleinen Körpern. Betrachtete man diese genau, fand man eine recht passable Abbildung eines Weltraumausschnittes. Das Imitat zeigte über der Erde sogar täuschend echt den blauen Himmel. Auf der Erdkugel stellten kleine Gesteinsbröckchen Gebirge dar, Vertiefungen im Boden dagegen die Meere. Diese füllte die Konstrukteurin mit Hilfe der Blumengießkanne des Büros schnell noch mit Wasser. Es gab sogar eine Sonne, um die alle Planeten kreisen konnten.

Besonders niedlich nahmen sich die kleinen Pflänzchen und Tierlein aus. Diese wurden, wie auf der realen Erde, den verschiedenen Kontinenten zugeordnet.
Das Ergötzlichste aber waren die Menschlein, kleiner als jedes Püppchen, und doch wahres Abbild eines Menschenkörpers.
Das allein wäre schon ein hübscher Zeitvertreib gewesen. Doch derlei Spiele hatte man schon öfter gesehen, wenn auch nicht so ausgefeilt. Die sensationelle Neuentwicklung bestand darin, dass alle diese hübschen Dinge nach einem geheimen, höchst komplizierten Richter'schen Mechanismus über eigene Bewegungsfreiheit verfügten. Sämtliche Abläufe waren denen der wirklichen Welt so vollkommen wie nur irgend möglich nachgebildet.

Die Spielerde kreiste um ihr wärme- und lichtspendendes Sönnchen, alle Gestirne nahmen ihren Lauf, das Blumenwasser bildete Wellen, vielerlei Arten von Pflanzen gediehen, insbesondere die Tierchen und Menschlein täuschten Leben vor.
Die Figuren bewegten sich nicht nur einförmig mechanisch hin und her. Jede Mechanik, sei sie noch so ausgeklügelt, würde mit der Zeit langweilig werden. Die Einmaligkeit des Werkes bestand darin, dass die Wesen aus tierischen beziehungsweise menschlichen Zellen gefertigt wurden.
Lebendig erschienen Fleisch, Muskeln und Nerven, Blut kreiste, das Herz schlug im Rhythmus seines Vorbildes.
Ein integriertes Spielgehirn gestattete den Menschlein sogar kleine Denkvorgänge.

Zwei Nachteile musste die Ingenieurin einräumen. Ihr Werk konnte aus technischen Gründen nicht in allen Details maßstabsgetreu angefertigt werden.
Daran würde sich gewiss niemand stören. Gravierendere Folgen hatte der zweite Nachteil. Die Spielzeuglebewesen waren von extremer Kurzlebigkeit und hielten nur sechs bis acht Tage.

Gabriele Richter konnte dieses schwerwiegende Problem lösen, indem sie eine Selbsterzeugung von Ersatzteilen erfand, die der Zeugung irdischer Lebewesen glich. Bei einer Probevorführung brachen die Zuschauer in Lachsalven aus.
Die Hauptbeschäftigung der Menschlein bestand darin, sich zu streiten und einander in die Ausschussware zu befördern – sehr zum Vergnügen des Publikums. In ihrer primitiven Sprache nannten sie es „töten". Diese Narren hielten sich selbst tatsächlich für lebende und denkende Wesen.
So berichteten sie von einem Gott, der ihre Welt erschaffen habe. Sie, als Menschen, seien die Krone jener Schöpfung. Als ein Zuschauer versehentlich die Spielkugel anstieß, ließ die Erschütterung das Wasser aus den Vertiefungen schwappen.
Gleich glaubten die Figuren, Gott habe sie mit einer großen Flut für ihre Sünden bestraft. Gleichwohl mussten sie etwas Intelligenz erhalten haben, denn sie fühlten eine vage Sehnsucht nach Liebe und Frieden. Da diese aber nur eine Ahnung blieb, trieben sie ihre dumpfen Scherze immer weiter – besonders die gegenseitige Beförderung in den Ausschuss.

Die Ingenieurin amüsierte sich, bis sie plötzlich etwas entdeckte: Diese Nichtsnutze hatten es gewagt, die Tierlein so zu verfolgen, dass einige keinen Ersatz mehr herzustellen vermochten und somit fehlten.
Wie viel Mühe und Forschungsgelder hatte es gekostet, das hübsche Imitat herzustellen, und nun musste sie mit ansehen, wie ihr Werk einfach der Zerstörung anheimfiel. Gebot sie nicht sofort Einhalt, würde in kürzester Zeit das gesamte Spiel vernichtet sein!

Entschlossen öffnete sie die Kugel, trieb die misslungenen Menschenmodelle mit der Fliegenklatsche zusammen, packte sie an den Haaren und warf sie in einen Aschenbecher. Diejenigen, die noch zuckten, zerdrückte sie mit Apfelsinenschalen, die auf dem Tisch lagen.

Anschließend erteilte sie einer anderen Firma den Auftrag, höherwertige Hirnsubstanz zu liefern.

Die Magierin

Die meisten Bauern in dem kleinen Dorf hatten längst aufgegeben und arbeiteten in der benachbarten Kreisstadt. Er hingegen hatte genau zum richtigen Zeitpunkt das Richtige getan. Als es Prämien dafür gab, schaffte er die Kühe ab. Mit dem Geld kaufte er Mutterschweine, um Mastferkel zu produzieren. Zunächst hielt er sie in Boxen, aber inzwischen gab es noch etwas viel Besseres. Zur maximalen Ressourcenausschöpfung wurden die Sauen in Metallgestelle gesteckt, unter ihren Füßen ein Rost, durch den die Ausscheidungen in Auffangbehälter fielen. Die Tiere konnten sich kaum bewegen, das war gut, denn es sparte Platz. Wegen des hohen Ammoniakgehaltes im Stall entlüftete der Landwirt diesen mit Ventilatoren. Deren Drehzahl erhöhte sich je nach Temperatur, so dass in der warmen Jahreszeit ein Schallpegel von sechzig Dezibel entstand. Trotz anders lautender Bestimmungen gab es mit den Behörden deshalb nie Probleme.
Die Städter stellten sich, wenn sie ihr Schnitzel kauften, ein lustig grunzendes Borstenvieh im Stroh mit süßen rosa Ferkelchen vor. Zu dieser Impression passende Schilder hingen in den Läden: *Nur von vertrauenswürdigen Landwirten aus der Region.*

Ich lag wieder wach im Bett. Mein ganzes Leben lang hatte ich Sommernächte geliebt. Aber das Brummen, welches vom Schweinestall gegenüber in mein Zimmer drang, ließ mich nicht schlafen.
Seitdem ich in einem Winter vor einigen Jahren dieses Haus gekauft hatte, waren meine Sommer ruiniert. Immer wieder bat ich den Nachbarn um Abhilfe. Stets erhielt ich die Zusage, er werde die Ventilatoren mit Schallschutzkästen versehen.
Da jedoch jahrein, jahraus alles beim Alten blieb, beschwerte ich mich schließlich bei der Gemeinde, beim Ordnungsamt, sogar bei der Polizei. Nichts davon zeitigte irgendwelche Ergebnisse.

Endlich begriff ich, dass mich die Leute hier nur als eine Zugezogene betrachteten und gar nicht daran dachten, etwas zu verändern.

Eines Tages ging ich mit meinem Hund spazieren. Als ich meinte, hinter dem Hügel Geräusche zu vernehmen, verließ ich den Feldweg, um nachzusehen.
Auf einer von Rapsfeldern umgebenen Wiese saß eine grauhaarige, dunkelhäutige Frau, die mit ihren Händen auf zwei Bongos schlug. Den Rhythmus begleitete sie mit ihrer Stimme.

Vor längerem hatte mir jemand erzählt, im Asylbewerberheim des Nachbarortes wohne eine alte Frau, die könne zaubern. Natürlich kannte ich Fernsehberichte über Voodoo-Kult, aber so etwas konnte es doch wohl nur im fernen Schwarzafrika und nicht im Nachbardorf geben!

Verblüfft blieb ich stehen, und zu meinem größten Erstaunen tat mein Hund dasselbe, obwohl keine Leine ihn hielt.
In der Monotonie des Gesanges lösten sich meine Gedanken auf.
Den Trommelschlägen und den Liedern folgend, bewegte sich mein Körper.
Die Fremde und ich blickten einander in die Augen.
Ihr Lächeln machte mich von innen heraus fröhlich, und so lächelte ich zurück.
Schließlich stand die Frau wortlos auf und ging.

Zuhause empfing mich das unablässige Drehgeräusch der Ventilatoren. War ich die ganze Zeit noch wie in einem Wachtraum gefangen gewesen, durchstrahlte mich plötzlich ein Entschluss. Gleich am nächsten Tag würde ich die Alte im Asylbewerberheim aufsuchen und darum bitten, den Landwirt mit einem Zauber zu belegen.

Als ich am nächsten Morgen erwachte, wusste ich im selben Augenblick, etwas war anders als sonst. Amseln sangen laut im Garten, mein Hund bellte, und dann hörte ich das Summen einer Hummel. – Sonst nichts.
Ich sprang aus dem Bett, rannte von Raum zu Raum, riss alle Fenster auf, ließ die Ruhe in das Haus strömen. Ich fühlte Tränen aufsteigen und weinte über das Glück der Stille.

Später erzählten mir die Nachbarn eine merkwürdige Geschichte. Der Bauer sei nackt in seinem Stall gefunden worden, angekettet an das Metallgestell einer Muttersau.
Die Schweine hätte die Dorffeuerwehr unten am Fluss im Schlamm suhlend gefunden.
Warum dies alles geschehen war, vermochte niemand zu erklären, und der Landwirt schwieg hartnäckig.
So wurde im Lauf der Zeit aus dem ungewöhnlichsten Geschehen, das je im Dorf vorgefallen war, eine halbvergessene Geschichte, von der man schließlich meinen konnte, sie hätte gar nicht stattgefunden.

Abendessen

Martin war schlecht gelaunt, denn er musste noch drei Seiten Preise auswendig lernen. Birgit tat es leid, dass er jede Woche neue Preislisten in seinen Kopf zwingen musste, um sie nach wenigen Tagen wieder zu vergessen. Aber als Verkäufer in einem großen Lebensmittelmarkt blieb ihm nichts anderes übrig.
Um den Abend noch zu retten, lief sie zum Imbissstand zwei Straßen weiter. Dort besorgte sie Zigaretten, Hähnchen und Pommes frites.
Martin lachte, als er das Essen sah, schließlich wollten sie beide eigentlich abnehmen.
Eine Woche lang hatten sie Abmagerungspillen geschluckt, und nun solch eine Kalorienbombe! Typisch Birgit, irgendwann konnte sie einfach nicht mehr widerstehen. Aber ihre Rechnung ging auf, seine Laune verbesserte sich beim Anblick der knusprigen Hähnchen ganz entschieden.
„Schluss mit der Lernerei", beschloss er. „Jetzt machen wir´s uns gemütlich!"
Sie unterhielten sich noch eine Weile über Birgits Reisepläne. Oberitalien – da wollte sie im Sommer unbedingt hinfahren.
Um dreiundzwanzig Uhr gingen sie schlafen.

Martins Traum

Er steht in einer riesigen Fabrikhalle. In dieser befinden sich eine Kreissäge und eine Ladung aufeinandergehäufter Baumstämme. Maschinell gesteuert, werden diese in Bretter zerteilt.
Eine der entrindeten Fichten zwingt seinen Blick auf ihren hölzernen Leib. Aus dem Stamm löst sich, wie unter den Händen eines Bildhauers, ein Gebilde, welches mehr und mehr die Form eines Menschenkörpers annimmt. Plötzlich weiß er, welcher Körper, welche Augen das sind. Noch zwei Meter trennen seine Freundin von den sechs schnellen, millimetergenauen Schnitten der Säge.

„Ich muss es verhindern", schießt es ihm durch den Kopf.
Gleichzeitig fühlt er, dass etwas in ihm will, dass es geschieht. Er möchte das Entsetzen vor dem Unbegreiflichen in ihrem Gesicht sehen. Er fühlt den Abschalthebel des Fließbandes in seiner Hand und bedient ihn nicht.

Birgits Traum

Der Sturm hat etwas nachgelassen. Sie ruft Martin, der gerade in der Küche sitzt, zu: „Das Fernsehbild ist verzerrt."
Ihr Freund kommt in das Wohnzimmer, dreht an den Knöpfen des Gerätes herum. Dann steigt er auf den Dachboden, kriecht durch die Luke und korrigiert die Stellung der Antenne. Als er zurückklettern will, rutscht er auf den regennassen Ziegeln aus und rollt das Dach hinab. Im Fallen bekommt er gerade noch die Regenrinne zu fassen, so dass er nicht auf den betonierten Hof hinunterstürzt. Es ist ihm unmöglich, sich alleine wieder hochzuziehen.
„Birgit, hilf mir!"
Die Gerufene eilt hinauf auf den Boden, klettert ebenfalls hinaus, will ihn auf das Dach zurückziehen. Da fühlt sie plötzlich, wie erheiternd dieser Anblick ist. Die Rohrzange liegt am Rand der Regenrinne. Birgit hebt sie auf und klopft leicht auf Martins Hände.
Seine Hände verkrampfen sich noch stärker.
Birgit lächelt, öffnet die Rohrzange, klemmt einen seiner Finger dazwischen und drückt zu.

Um sieben Uhr klingelte der Wecker.
Birgit und Martin standen auf wie eh und je, frühstückten wie gewohnt und unterhielten sich wie immer. Aber sie wussten, etwas war anders.
Sie verschwiegen ihre Träume voreinander.
In der folgenden Nacht wachte Birgit um zwei Uhr auf. Ihre Gedanken waren klar und konzentriert.
Wenn ich versuche, ihn mit dem Kissen zu ersticken, könnte es mir misslingen. Er würde sich wehren und mich durch seine größere Körperkraft überwältigen. Wenn ich aus der Küche das Fleisch-

messer hole, wäre es einfach, ihn mit einem gezielten Schnitt durch die Halsschlagader zu töten. Andererseits wäre dann durch das Blut die Bettwäsche besudelt, und Blutflecken sind so hartnäckig bei der Wäsche.
Birgit schlief ein.

Um Viertel nach fünf erwachte Martin.
Wenn ich ihr mit der linken Hand die Arme festhalte und mit der rechten die Luftröhre abdrücke, wird sie ersticken. Aber eine Tote ist ein unerfreulicher Anblick. Es könnte mir der Appetit beim Frühstück vergehen.
Martin schlief wieder ein.

Um sieben Uhr klingelte der Wecker.

Im Geschäft stand Martin vor dem dreistöckigen Regal mit Fertigknödeln, Haferflocken und Reis. Als er gerade neue Haferflockentüten in das unterste Regal füllte, kam sein Kollege Vinzenz, einen Container schiebend, vorbei.
Vinzenz plauderte drauflos: „Stell' dir vor, was passiert ist! Du kennst doch die freundliche Oma, die jeden Tag so um die Mittagszeit hier einkauft? Die hat ihr kleines Enkelkind in die Waschmaschine gesteckt und dann auf den Knopf gedrückt."
Martin rannte aus dem Geschäft, hinaus auf die Straße. Er musste sich erbrechen.

Zuhause schaltet er die Fernsehnachrichten ein, bloß, um nicht mehr denken zu müssen.
„Guten Abend, sehr geehrte Damen und Herren. In verschiedenen Gebieten der USA und Westeuropas sind in den letzten Wochen die Mordraten gestiegen. Auffällig ist, dass es sich um Taten von besonderem Sadismus handelt.
Die Lösung des Rätsels lieferte nicht die Kriminologie, sondern

die Ernährungswissenschaft. Es folgt ein Interview mit Prof. Dr. Houston, New York, USA."

„Es ist den meisten Zuschauern sicherlich bewusst, dass die menschliche Ernährung im Laufe der Jahrtausende immer wieder Veränderungen erfahren hat.
Da die Umstellungen allmählich waren und sich in einem doch eher bescheidenen Rahmen hielten, konnte sich der menschliche Körper daran anpassen.
Die letzten Jahrzehnte brachten jedoch rasante Entwicklungen mit sich. Ich will nur wenige Stichworte nennen: Pflanzenschutzmittel, industrielles Mastfutter, Hormongaben, üppiger Einsatz von Tiermedikamenten, gentechnische Veränderungen, Tiere, die unter ständigen Stressbedingungen gehalten werden; nun ja, Sie wissen schon, auf was ich hinauswill."
Der Professor lächelte gewinnend.
„Es hat einige Personen gegeben, die mit Hormonen behandeltes Geflügel und die Abmagerungstabletten XZ12 zu sich genommen haben. Diese ungünstige Kombination ist selten aufgetreten, und das Mittel XZ12 ist bereits aus dem Verkehr gezogen.
Es gibt also keinen Grund zur Beunruhigung.
Bei dem genannten Personenkreis kam es allerdings durch die Kombination dieser Tabletten und den genannten Hormonen zu zeitweiligen bis anhaltenden Wahnvorstellungen, die sich bis zu sadistischen Mordphantasien mit Tötungszwang erstreckten.
Wir empfehlen den Betroffenen, sich beim zuständigen Gesundheitsamt zu melden. Dort wird der Fall selbstverständlich vertraulich behandelt."

Der Kurgast

Der Weg vom Bahnhof bis nach Hause war über zwei Kilometer lang. An hellen Sommerabenden fand sie es entspannend, am Rande des Kurparks entlangzuspazieren, bis zu der Brücke, die in den Ort führte. Stieg sie jedoch im Winter als einzige an der Endstation aus, hetzte sie den Bürgersteig entlang, bis die Straßenlampe, die rechts an der Brücke leuchtete, ihr wenigstens das Gefühl einer relativen Sicherheit vermittelte.
„Du bildest dir viel zu viel ein, was soll schon passieren", hatten Bekannte gesagt.

Sie aber fühlte, dass in der Abendruhe am Rande des Kurparks etwas Drohendes lag. Die Drohung formte sich nicht aus etwas, das tatsächlich geschah, sondern aus dem Wissen, was passieren könnte.
Mit der rechten Hand umklammerte sie in ihrer Manteltasche eine Dose Tränengasspray. Ihr war bewusst, dass es sie bei entsprechender Windrichtung selbst treffen könnte.

Diesen Abend verbrachte sie nicht allein im Zugabteil. Ein Kurgast saß ihr gegenüber, berichtete ungefragt über seine krankengymnastischen Übungen, Bewegungsbäder und Fangopackungen. Die beiden Sitzbänke neben ihr waren durch das in Papier eingewickelte Kunststoffschwert für Friedrich belegt. Der Junge wünschte sich zu Weihnachten unbedingt ein Langschwert, das aussehen sollte, als sei es aus dem Mittelalter. Nichts anderes wollte er haben, egal welche Vorschläge sie ihm auch unterbreiten mochte.
Als sie noch keine Kinder hatte, schwor sie, niemals Spielzeugwaffen zu kaufen. Aber in Friedrichs Augen spiegelte sich etwas, das sie wissen ließ, diesen einen Wunsch könnte sie ihm nicht abschlagen.

Der Kurgast stieg ebenfalls an der Endstation aus. Seine Badearztgeschichten wirkten in der Düsternis der vor ihr liegenden zwei Kilometer fast tröstlich.

Plötzlich fühlte sie, dass die Ahnungen der letzten Jahre wahr würden.
Der Kurgast packte sie am Handgelenk und zog sie mit in den Park hinein. In all den Jahren, in denen sie sich eine solche Situation vorgestellt hatte, war sie in ihrer Phantasie reglos, konnte nicht schreien, nicht fliehen.

Doch als der Fremde mit festem Griff ihr Handgelenk umschloss, sah sie das Bild des Patienten mit der Larynxfraktur vor sich.
Sie war Krankenschwester, und dem Mann, an dessen Angesicht sie sich nun erinnerte, war bei einer Schlägerei der Kehlkopf zertrümmert worden. Er starb noch in derselben Nacht auf ihrer Station.
Der Kurgast zerrte sie immer weiter in den Park.

Die sie umgebende Schwärze erschien ihr wie ein dunkler Hintergrund, vor dem sich umso deutlicher das Gesicht des Toten im Krankenhaus abzeichnete.

Schließlich hielt der Kurgast, ohne seinen Griff zu lockern, an. Sie kannte den Park seit ihrer Kindheit, und der feine Azaleenduft verriet ihr, an welcher Stelle sie genau standen. Es war der Abschnitt, in dem vom Frühjahr bis in den Spätsommer die verschiedensten Rhododendren und Duftazaleen blühten. Ältere Damen liebten diesen Teil besonders.

Sie atmete tief, sog den stillen Blütengruß wie eine Botschaft in sich ein, wie ein geheimes Signal.
Noch einen letzten Moment täuschte sie Schwäche vor, im näch-

sten Augenblick riss sie den Griff des Spielzeugschwertes hoch. Der Kunststoffknauf prallte mit Wucht auf den Schildknorpel des Kurgastes. Er fiel vornüber, zwischen die Sträucher.
Da schien es ihr, als nähme der Duft der Sträucher Gestalt an, ein wogendes, helles Gelb.
Das Gelb verdichtete sich, und sie erkannte Shanafield, die Blumenelfe.
„Gehe nach Hause und schweige über alles!" befahl die Gestalt. „Ich werde ihn mit in mein Reich nehmen."

Die Elfe zog den Toten in ihre Zeit und holte Siklis, die Magierin.
„Tue, was getan werden muss", bat sie diese.
Wie eine Künstlerin aus rohem Stein ein Antlitz meißelt, vermochte Siklis den wahren Kern eines Wesens zu einem Bild zu formen.
Die Magierin schloss die Augen, griff in einen Trog mit Tonerde und formte, ohne hinzusehen.
Als sie die Augen wieder öffnete, erblickte sie ein tönernes Tier.
Sie hauchte dem Kurgast in die Nase, und sogleich nahm dieser dessen Gestalt an.
Shanafield, die Elfe, trug ihn zurück in seine Zeit.

Die Kurgäste beschwerten sich über ein frei laufendes Schwein im Park.

Das Fest

Die Verwandtschaft hatte es sich im Wohnzimmer bequem gemacht. Sie war dagegen gewesen, die Verwandten einzuladen, aber ihre Eltern meinten, wenigstens einmal im Jahr könne sie etwas Familiensinn an den Tag legen.
„Schließlich sind doch auch genug junge Leute da", meinte die Mutter.
Vater tippte Einladungskarten, Mutter dekorierte sie mit Strohblumen. Sie konnte Einladungskarten, insbesondere mit Strohblumen, nicht ausstehen.
Am unangenehmsten aber war ihr die Vorstellung, mit diesen Karten die Verwandtschaft auf ihren Geburtstag einzuladen. Jedes Mal hatte sie sich vorgenommen, die alljährlichen Einladungskarten einfach nicht mehr zu unterschreiben.
Doch den missbilligend hochgezogenen Augenbrauen des Vaters und dem stumm vor sich hergetragenen Leiden der Mutter konnte sie einfach nicht standhalten.
Ihren leidenschaftlichen Widerspruch gegen den alljährlichen Geburtstagsbesuch der Verwandten streckten die Eltern mit einem Blick nieder, der sagte: „Du denkst immer nur an dich, denk doch auch einmal an uns."

Auch dieses Jahr hatte sie die Karten unterschrieben, auch dieses Jahr waren alle Verwandten gekommen.
Rita fragte Mutter, ob der Salat mit Majoran gewürzt sei. Onkel Heinrich ärgerte sich über die höhere finanzielle Eigenbeteiligung für Leistungen im Gesundheitsbereich. Onkel Ludwig fand, die jungen Leute wüssten gar nicht, wie gut sie es hätten heutzutage. Die netten Jungen und Mädchen der evangelischen Jugendgruppe ließen sich von Mutter Kartoffelsalat auf ihre Teller laden. Onkel Friedrich freute sich, dass der Jugendgruppenleiter das Studium der Theologie ins Auge gefasst hatte. Irmgard unterhielt sich mit

Oma. Das war immer so, denn Oma war früher Haushälterin gewesen, und Irmgard wollte Hauswirtschaftlerin werden.
„Siehst du", zischelte die Mutter ihr ins Ohr, „der Nachmittag ist doch reizend!"
Sie schwieg, weit weg mit ihren Gedanken. Sie träumte davon, zu tanzen. In der Disco, in die die netten Leute der evangelischen Jugendgruppe sie nicht mitnahmen.
„Leider, leider geht das ja nicht." Mit zur Seite geneigtem Kopf und weicher Stimme hatte der Gruppenleiter das gesagt. „Leider, leider geht das ja nicht."
Sie aber wollte die Spiegeleffekte, die Lichtkugeln, die zuckenden Laserstrahlen, die Tanzenden sehen. Sie wollte den Rhythmus, die Musik fühlen. Sie wollte tanzen.

Gegen Abend verabschiedete sich die Jugendgruppe. Das war nur allzu verständlich, schließlich war es Samstag, da wollen die jungen Leute heutzutage ausgehen.
Die Verwandten blieben noch.
„Es war ein bisschen anstrengend heute, ich will mich etwas ausruhen", log sie.
„Das ist wirklich vernünftig, Kind", lobte die Mutter.
Sie beeilte sich, in ihr Zimmer zu gelangen.
Schnell legte sie die Metallstützen mit den Kunststoffgriffen und den gummigenoppten Dreifüßen auf ihren Schoß.
Unbemerkt verließ sie das feiernde Haus.
Draußen war es noch hell, warmer Sommerwind wehte sacht.
Schnell, schnell musste es gehen. Zwei Kilometer rollte sie vorwärts, peitschte mit den Händen auf die Reifen ein, dankte dem Himmel, dass die Bordsteine rund waren. Nur keinen Stock auf der wilden Jagd verlieren!
Endlich die rote Leuchtschrift: HAPPY DAY!
Die Treppe hatte zwölf Stufen. Zum Glück stand gerade keiner rauchend oder biertrinkend an der Tür.

Sie nahm ihre Kraft zusammen, hievte sich aus dem Rollstuhl und klammerte sich an die Stöcke. Vorwärts – zwei Schritte.
Sie war am Geländer. Mit der linken Hand ergriff sie es, mit der rechten legte sie den ersten Stock drei Treppenstufen höher. Auf Geländer und Stock Nr. 2 gestützt überwand sie die ersten zwei Stufen. Stock Nr. 2 legte sie nun auf die sechste Treppenstufe und hob Stock Nr. 1 auf die neunte Stufe, hievte sich selbst bis zur achten Stufe und legte Stock Nr. 2 auf die zwölfte Stufe. Mit Stock Nr. 1 stemmte sie sich auf die elfte Stufe.
Nun kam der schwierigste Moment der Treppenbesteigung. Stock Nr. 1 musste an die Hauswand gelehnt werden, Stock Nr. 2 nahm sie in die rechte Hand.
Nun war sie oben und musste das Geländer loslassen, um Stock Nr. 1 in die linke Hand nehmen zu können. Zu diesem Zweck lehnte sie sich selbst an die Hauswand.
Gewonnen!

Mit beiden Stöcken stand sie am Eingang.
Während des ganzen Weges hatte sie alle Gedanken an die Tür verscheucht. Sie bestand aus blau gestrichenem Metall, zu öffnen durch Zug in Richtung Körper, beim Durchgehen festzuhalten, um das Zufallen mit schwerer Wucht zu vermeiden.
Mehrere Mädchen kamen heftig diskutierend aus der Diskothek heraus, waren viel zu verblüfft, um etwas anderes zu tun, als die Tür aufzuhalten.

Gelächter, bunte Lichtblitze und Musik umhüllten sie unvermittelt.
Von den allzu erstaunten Happy-Day-Besuchern unbehelligt, drang sie bis zur Tanzfläche vor.
So hatte sie es sich nicht vorgestellt.
Um wie viel wunderbarer war es hier, als in jeder Phantasie!
Die Spiegelkugeln blitzten, die bunten Lichter zuckten im Rhythmus der Musik.

Ohne nachzudenken, schleifte sie sich mit ihren Dreifußstöcken auf die Tanzfläche, bemerkte die starrenden Blicke, den Unmut, das anschwellende Gewisper nicht.
Nein, so hatte sie es sich nicht vorgestellt. Wie hätte sie auch je Zuhause ahnen können, wie die tiefen Bässe ihren ganzen Körper ausfüllten, wie sich ausmalen können, dass es solch eine Sehnsucht zu tanzen gab.

Auf die schweren Stöcke gestützt, wiegte sie ihren Körper, wurde eins mit der Musik.
Das Gewisper der Umstehenden schwoll zum höhnischen Gelächter.
Niemand tanzte mehr, alle stierten auf die halbgebeugte Gestalt, die schwerfällig den Körper hin und her bewegte.

Die in sich versunken Lächelnde fühlte den Spott nicht. Sie öffnete die Augen und blickte in den großen gegenüberliegenden Spiegel. Dort sah sie die gelähmte, auf zwei Krücken schwankende Menschengestalt auf der leeren Tanzfläche, umringt von kichernden Spöttern.
Und zum ersten Mal liebte sie sich selbst, denn sie fühlte, wie mutig, stark und schön sie war.

Freier Flug

in kalten Wolken;
wilder Stolz
im Flügelschlag.

Kurze Wärme,
Herzensfeuer,
ohne Halten,
doch mit Halt.

Will auf Felsen Ruhe finden –
ein paar Stunden, einen Tag;
werd danach noch höher fliegen,
ausgelassen, ziellos, stark.

Zukunft, was ich in dir suche,
werd ich finden –
ohne Tun.
Atme ein mein eignes Lächeln,
werf es manchmal himmelwärts;
will der Stern es kalt abweisen,
geh ich weiter,
dann zu mir.

Wo das Lächeln fällt zur Erde,
wachsen nächstes Frühjahr Tulpen
– oder auch ein Eschenbaum.
Was ist morgen und noch später,
danach frag ich heute nicht;
spüre aber,
es ist richtig,
wahr zu leben
meinen Traum.

Christiane Schwarze:

Geboren 1960 in Uslar. Lebt heute in Homberg/Ohm. Arbeitete langjährig als Logopädin in eigener Praxis, seit Unfall ausschließlich schriftstellerisch tätig. Aufgenommen in folgenden Vereinigungen: *Verband Deutscher Schriftsteller (VS), Literaturgesellschaft Hessen, BVjA und Schreibwerkstatt Marburg.*

Eine Besonderheit stellt das große literarische Spektrum dar, in dem sich die Autorin bewegt. Die Bandbreite reicht von Kurzgeschichten, Erzählungen, Lyrik, lyrischer Prosa, Kurzkrimis, Märchen, Satire bis hin zu Liedtexten.

Medienpräsenz in Fernseh- und Radiosendungen.

Über 100 musikalisch inszenierte Lesungen im gesamten Bundesgebiet, u.a. mit ihrem *Duo* **TonSatz.**

Fünf Bücher erschienen seit 1997 im Mauerverlag:

1997 Und zum ersten Mal liebte sie sich selbst
1999 Meine Tage wurden wie schimmernder Opal
2000 Ripp Wurzeltroll
2002 Frau mit Hund und Stock
2003 Losgehen und Möglichkeiten atmen
2013 Alle fünf Bücher als *Edition Christiane Schwarze* neu aufgelegt

Drei dieser Bücher wurden von der Deutschen Medienkommission ausgewählt und erschienen zusätzlich in Braille-Schrift bzw. als Hörbuchversion für Blinde.

Über 200 Einzelveröffentlichungen in Literaturzeitschriften und Anthologien. (Deutschland, Österreich, Dänemark, Schweiz)

Preise:

2000 Anerkennungspreis im Rahmen des *Wolfener Literaturpreises.*

2001 Siegerin bei *Story des Monats* beim Wettbewerb der *benchpress.*

2001 Beim *benchpress*-Wettbewerb *Kurzgeschichte des Jahres* Jurywertung und Publikumswertung jeweils zweiter Platz.

2003 wurde ihr Kurzkrimi *Tonerde* als einer der fünf besten Texte für den *Friedrich-Glauser-Kurzkrimi-Preis* nominiert.

2008 *Dorstener Lyrikpreis* vierter Platz.

2009 Zweiter Preis beim *Schreibwettbewerb des Ceranius-Verlages* und der *Literaturzeitschrift Veilchen.*

2012 Siegerin beim *Literaturpreis der Stadt Wolfsburg.*

2013 Zweiter Platz beim *Literaturpreis Antho? - Logisch!* (im Rahmen des LESEN!-Festivals 2013, in Kooperation mit der Stadt Fürth)

Tonträger:

2001 Als Wir Uns Trafen / Duo *TonSatz*
Musikalisch-literarische Hörbuch-CD
Mauer Verlag

2003 Losgehen und Möglichkeiten atmen / Duo *TonSatz*
Musikalisch-literarische Hörbuch-CD
Mauer Verlag

2013 Wie ein Augenzwinkern der Zeit / Duo *TonSatz*
Musikalisch-literarische Hörbuch-CD
Mauer Verlag

Information – Kontakt:

Website: www.christiane-schwarze.de
E-Mail: chrisschwarze@t-online.de

Bücher / Tonträger können über den Mauerverlag oder handsigniert bei der Autorin erworben werden.